Access 2019 応用

セミナーテキスト

日経BP

はじめに

本書は、次の方を対象にしています。

■「Access 2019 基礎 セミナーテキスト」を修了された方。

Access 2019を使用したリレーションシップの活用方法、さまざまなクエリを使用したデータの操作と分析、より高度なフォームやレポートの作成、マクロによる作業の自動化機能などを学習します。本書に沿って学習すると、効率的なデータ分析や実用的なデータベースアプリケーションの作成など、データベースを活用できるようになります。

制作環境

本書は以下の環境で制作・検証しました。

■Windows 10 Pro（日本語版）をセットアップした状態。
　※ほかのエディションやバージョンのWindowsでも、Office 2019が動作する環境であれば、ほぼ同じ操作で利用できます。
■Microsoft Office Professional Plus 2019（日本語デスクトップ版）をセットアップし、Microsoftアカウントでサインインした状態。マウスとキーボードを用いる環境（マウスモード）。
■画面の解像度を1280×768ピクセルに設定し、ウィンドウを全画面表示にした状態。
　※環境によってリボン内のボタンが誌面と異なる形状で表示される場合があります。
■[アカウント]画面で[Officeの背景]を[背景なし]、[Officeテーマ]を[白]に設定した状態。
■プリンターをセットアップした状態。
　※ご使用のコンピューター、プリンター、セットアップなどの状態によって、画面の表示が本書と異なる場合があります。

おことわり

本書発行後（2019年9月）の機能やサービスの変更により、誌面の通りに表示されなかったり操作できなかったりすることがあります。その場合は適宜別の方法で操作してください。

表記

・メニュー、コマンド、ボタン、ダイアログボックスなどで画面に表示される文字は、角かっこ（[ ]）で囲んで表記しています。ボタン名の表記がないボタンは、マウスでポイントすると表示されるポップヒントで表記しています。

・入力する文字は「」で囲んで表記しています。

・本書のキー表記は、どの機種にも対応する一般的なキー表記を採用しています。2つのキーの間にプラス記号（＋）がある場合は、それらのキーを同時に押すことを示しています。

・マウス操作の説明には、次の用語を使用しています。

用語	意味
ポイント	マウスポインターを移動し、項目の上にポインターの先端を置くこと
クリック	マウスの左ボタンを1回押して離すこと
右クリック	マウスの右ボタンを1回押して離すこと
ダブルクリック	マウスの左ボタンを2回続けて、すばやく押して離すこと
ドラッグ	マウスの左ボタンを押したまま、マウスを動かすこと

操作手順や知っておいていただきたい事項などには、次のようなマークが付いています。

マーク	内容
操作☞	これから行う操作
Step 1	細かい操作手順
❗重要	操作を行う際などに知っておく必要がある重要な情報の解説
💡ヒント	本文で説明していない操作や、知っておいた方がいい補足的な情報の解説
用語	用語の解説

(4)

実習用データ

本書で学習する際に使用する実習用データを、以下の方法でダウンロードしてご利用ください。

■ダウンロード方法

①以下のサイトにアクセスします。

　https://bookplus.nikkei.com/atcl/catalog/19/P60330/

②「実習用データダウンロード/講習の手引きダウンロード」をクリックします。

③表示されたページにあるそれぞれのダウンロードのリンクをクリックして、適当なフォルダーにダウンロードします。ファイルのダウンロードには日経IDおよび日経BOOKプラスへの登録が必要になります（いずれも登録は無料）。

④ダウンロードしたzip形式の圧縮ファイルを展開すると［Access2019応用］フォルダーが作成されます。

⑤［Access2019応用］フォルダーを［ドキュメント］フォルダーまたは講師から指示されたフォルダーなどに移動します。

ダウンロードしたファイルを開くときの注意事項

インターネット経由でダウンロードしたファイルを開く場合、「注意──インターネットから入手したファイルは、ウイルスに感染している可能性があります。編集する必要がなければ、ほぼビューのままにしておくことをお勧めします。」というメッセージバーが表示されることがあります。その場合は、［編集を有効にする］をクリックして操作を進めてください。

ダウンロードしたzipファイルを右クリックし、ショートカットメニューの［プロパティ］をクリックして、［全般］タブで［ブロックの解除］を行うと、上記のメッセージが表示されなくなります。

実習用データの内容

実習用データには、本書の実習で使用するデータと章ごとの完成例、復習問題や総合問題で使用するデータと完成例が収録されています。前の章の最後で保存したファイルを次の章で引き続き使う場合がありますが、前の章の学習を行わずに次の章の実習を始めるためのファイルも含まれています。

講習の手引きと問題の解答

本書を使った講習を実施される講師の方向けの「講習の手引き」と、復習問題と総合問題の解答をダウンロードすることができます。ダウンロード方法は、上記の「ダウンロードの方法」を参照してください。

目次

第1章　データベースの設計　1

データベースの設計と手順 ——————————————————————— 2
業務の流れとデータベース設計 ————————————————— 4

第2章　リレーションシップの作成　11

テーブルの正規化 ————————————————————————— 12
リレーションシップの作成方法 ————————————————— 16
テーブルの結合の種類 ——————————————————————— 27
参照整合性 ——————————————————————————————— 32
　　　参照整合性によるデータ操作の制限 ————————— 33
　　　連鎖更新と連鎖削除 ————————————————————— 39

第3章　クエリ　47

クエリを利用したデータの集計 ————————————————— 48
　　　集計クエリ ——————————————————————————— 49
　　　クロス集計クエリ ——————————————————————— 54
クエリを利用した不一致／重複するデータの抽出 ————— 59
　　　不一致クエリ ————————————————————————— 60
　　　重複クエリ ——————————————————————————— 64
アクションクエリ ———————————————————————————— 71
　　　更新クエリ ——————————————————————————— 72
　　　テーブル作成クエリ ————————————————————— 77
　　　削除クエリ ——————————————————————————— 82
　　　追加クエリ ——————————————————————————— 89

第4章　フォーム　97

複数のテーブルまたはクエリを利用したフォームの作成 ——— 98
コンボボックスの活用 ——————————————————————— 101
メイン／サブフォーム ——————————————————————— 113
　　　メイン／サブフォームの作成 ————————————— 114
　　　メイン／サブフォームの編集 ————————————— 120

(6)

演算コントロールの活用 ——————————————————————— 124

　　演算コントロールの作成 ——————————————————— 125

　　［フォームフッター］セクションを使用した集計 —————— 129

　　サブフォームのコントロールの参照 ————————————— 132

　　オプションボタンによる条件分岐 —————————————— 139

第5章　レポート　153

グループ集計レポート ——————————————————————— 154

　　グループ集計レポートの作成 ——————————————— 156

　　コントロールの調整 ——————————————————————— 159

　　演算コントロールの作成 ———————————————————— 162

改ページの設定 ——————————————————————————— 167

メイン／サブレポート ———————————————————————— 171

　　メインレポートの作成 ————————————————————— 172

　　サブレポートの作成 ——————————————————————— 174

　　演算コントロールの作成 ———————————————————— 180

　　メインレポートへのサブレポートの埋め込み ——————— 185

第6章　マクロ　193

マクロの作成 ——————————————————————————————— 194

マクロの実行 ——————————————————————————————— 199

メインパネルの作成 ————————————————————————— 206

　　サブマクロの作成 ————————————————————————— 207

　　ボタンへのマクロの割り当て ————————————————— 212

　　起動時の設定 ——————————————————————————— 215

第7章　Accessの便利な活用法　221

オブジェクト名とフィールド名の変更 ——————————————— 222

データベースのバックアップ ————————————————————— 227

オブジェクトの依存関係の確認方法 ————————————————— 230

総合問題 ——————————————————————————————————— 239

索引 ————————————————————————————————————— 253

(7)

データベースの設計

■ データベースの設計と手順
■ 業務の流れとデータベース設計

データベースの設計と手順

データベースの設計では、最初にデータベース化する業務の流れを考え、必要な項目を整理して、どのようなテーブル構成にするかを設計します。

データベースを設計する際、最初に行うことは、データベースによってデータを管理できるように現実の世界を抽象化して、データを表現するための記述方式（ルール）を定義します。この作業を、「データベースのモデル化」、または「データベースモデリング」といい、定義されたルールを「データモデル」といいます。

つまり、データベースは、受注、顧客、商品、社員などの現実の世界の一部を、意味のあるデータの集まりとして、コンピューター上に格納したものと考えることができます。

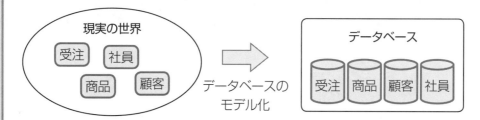

■ リレーショナルデータベース

行と列からなる2次元のテーブル（表）でデータを表現し、行はレコード（データ）、列はフィールドに対応します。このテーブル同士を関連付けて管理し、SQL（Structured Query Language）を使用して、データの検索や更新を行うことができます。

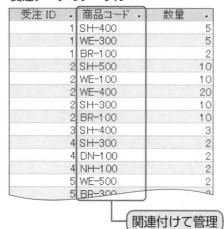

受注データのテーブル

受注ID	商品コード	数量
1	SH-400	5
1	WE-300	5
1	BR-100	2
2	SH-500	10
2	WE-100	10
2	WE-400	20
2	SH-300	10
2	BR-100	10
3	SH-400	3
4	SH-300	2
4	DN-100	2
4	NH-100	2
5	WE-500	2
5	BR-300	

商品データのテーブル

商品コード	商品名	単価
BR-100	ドラゴンビール	¥2,400
BR-200	ドラゴンプレミアム	¥2,800
BR-300	ドラゴンライト	¥2,100
BR-400	ドラゴンゼロ	¥2,300
DN-100	雪舞い	¥850
NH-100	金龍	¥4,350
NH-200	寒桜	¥3,500
NH-300	白鷺	¥1,800
SH-100	魔界	¥3,800
SH-200	次ろ吉	¥1,300
SH-300	夕日の里	¥1,200
SH-400	雲山	¥1,100
SH-500	観梅	¥800
WE-100	シャトーミッシェル	¥3,800
WE-200	サンセット	

関連付けて管理

用語　SQL

リレーショナルデータベース管理システム（RDBMS）で、データの操作や定義を行うため標準規格の言語の1つです。

同じデータが複数のテーブルに存在すると、修正に手間がかかったり、修正漏れによる不整合が発生します。このような場合は、同じデータになる部分を抜き出して別のテーブルを作成し、必要に応じて関連付けを設定します。このテーブルを分割する作業は「正規化」といい、修正漏れによるデータの不整合などが起こりにくくなるため、データベースが管理しやすくなります。
テーブルを分割したときに、参照元のテーブルには「主キー」を、参照するテーブルには「外部キー」を配置し、これらを関連付けて、別のテーブルに保存されているデータを結び付けて使用します（正規化については、第2章で学習します）。

■ DBMS (DataBase Management System)

データベースを管理するためのソフトウェアのことをDBMS (DataBase Management System) といい、その中でも、リレーショナルデータベースのDBMSをRDBMS (Relational DataBase Management System) といいます。
DBMSでは、データモデルに沿って設計されたテーブルの管理以外にも、たとえば、1つのテーブルに変更があった場合、関連するテーブルのデータをどのように変更するかなどを定義したストアドプロシージャ、格納されたデータをテーブルのように扱うために定義したビュー（Accessではクエリ）、テーブルへのアクセス制限などを管理したりします。
AccessもRDBMSで、その他にOracle、DB2、SQL Serverなどがあります。

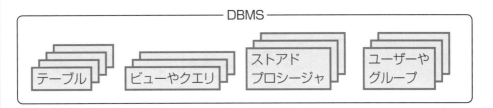

用語　ストアドプロシージャ
データベース管理システムに保存されたデータベースに対する一連の処理手順をまとめたプログラムのことです。

■ システム設計

DBMSは、データベースの扱い方を管理するためのソフトウェアで、このソフトウェアを導入しただけでは、企業に適したシステムの構築はできません。最初にデータベースソフトを導入する場合、次のように企業内にどのような業務があり、その業務ではどのようなデータを扱っているかを理解し、設計する必要があります。

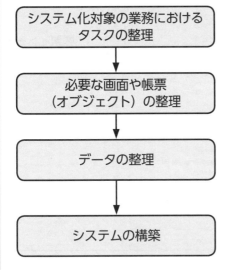

顧客からの受注入力などシステム化する業務を整理し、リスト化します。

使用するユーザーを考慮して、システム化するためにどのような入力、編集画面（フォーム）や、帳票（レポート）が必要かなどを整理します。

システム化に必要なデータ項目（フィールド）を整理し、テーブルとクエリに対応させ、リレーションシップを作成します。

フォームやレポートなど必要なオブジェクトを作成します。また、ユーザーが必要なタスクを簡単に作業できるようマクロやVBAを使用してメニューシステムを作成します。

業務の流れとデータベース設計

ここでは、本書で作成していく「受注管理システム」を例に、データベースの設計を考えていきます。

最初に、受注管理業務の流れを把握し、システム化の範囲を決定して業務に必要なデータを検討します。

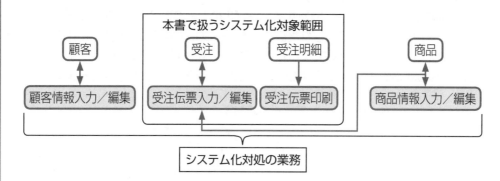

■ 画面／帳票イメージをまとめる

受注管理業務に必要な画面を考えます。必要なデータを抽出する場合、日常業務で使用している受注伝票や納品書を基に、さらにどのようなことができると便利か考えて、システムから出力したい画面や帳票をイメージすると作業しやすくなります。

画面イメージ（受注入力）

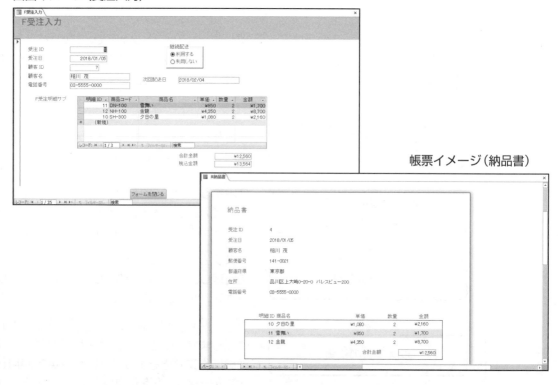

帳票イメージ（納品書）

■ 画面／帳票に必要なデータ項目の検討

データベースとして活用するうえで、作成する画面や帳票のイメージなどを基に、必要な項目を抽出して、表にまとめます。

■ テーブルとリレーションシップ設計

抽出したデータを基にテーブルを設計します。その際、繰り返し出現するデータを考慮し、リレーションシップを検討しながらテーブルを正規化します。

[顧客マスター] テーブル

[受注] テーブル

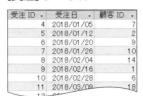

[受注明細] テーブル

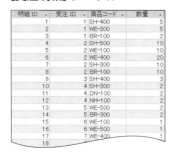

[商品マスター] テーブル

リレーションシップ

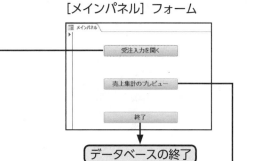

■ 画面遷移の作成

入力画面や帳票を作成しただけでは、データベースの操作性が損なわれる場合もあるので、すべてのユーザーが簡単にデータベースを扱えるように、画面遷移を検討します。

[メインパネル] フォーム

[受注入力] フォーム

[売上明細集計] レポート

本書では、テーブルまで作成した状態のデータベースを使用し、このデータベースに必要なオブジェクトの作成方法や編集方法について手順を追って確認します。

操作 データベースを開く

データベース「受注管理」を[保存用]フォルダーに保存して、コンテンツを有効にして開きましょう。

Step 1 Accessを起動します。

❶ [スタート] ボタンをクリックします。

❷ [Access] をクリックします。

Step 2 [開く]画面を表示します。

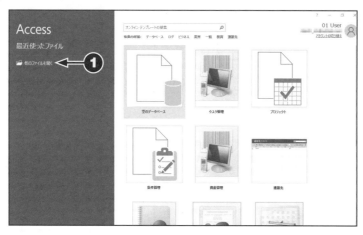

❶ [他のファイルを開く] をクリックします。

❷ [開く] 画面が表示されたことを確認します。

💡 ヒント
最近使ったファイル
以前にデータベースを開いたことがある場合は[最近使ったファイル]の一覧にデータベース名が表示され、クリックして開くことができます。

Step 3 [ドキュメント] フォルダーを開きます。

❶ [参照] をクリックします。

第1章 データベースの設計 | 7

Step 4 データベースが保存されているフォルダーを指定します。

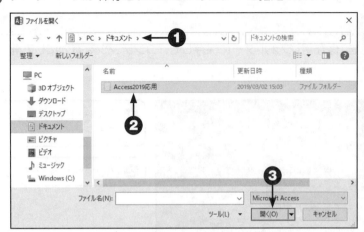

❶ [ファイルの場所] ボックスに [ドキュメント] と表示されていることを確認します。

❷ [Access2019応用] をクリックします。

❸ [開く] をクリックします。

Step 5 開くデータベースを指定します。

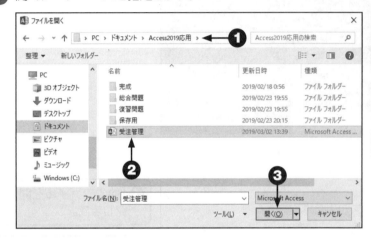

❶ [ファイルの場所] ボックスに [Access2019応用] と表示されていることを確認します。

❷ [受注管理] をクリックします。

❸ [開く] をクリックします。

Step 6 データベース「受注管理」が開いたことを確認し、[ファイル] タブをクリックして [名前を付けて保存] をクリックします。

Step 7 [名前を付けて保存] ダイアログボックスを開きます。

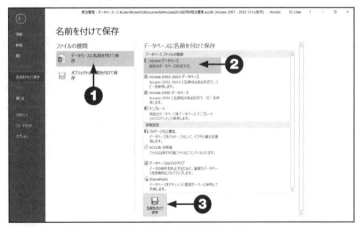

❶ [データベースに名前を付けて保存] が選択されていることを確認します。

❷ [Accessデータベース] が選択されていることを確認します。

❸ [名前を付けて保存] をクリックします。

Step 8 [保存用] フォルダーにデータベース「受注管理」を保存します。

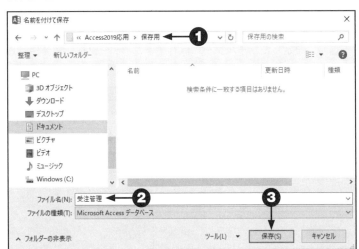

❶ [保存用] フォルダーをダブルクリックします。

❷ [名前を付けて保存] ダイアログボックスの [ファイル名] ボックスに「受注管理」と入力します。

❸ [保存] をクリックします。

Step 9 [保存用] フォルダーに保存したデータベース「受注管理」が開いたことを確認します。

Step 10 コンテンツを有効にします。

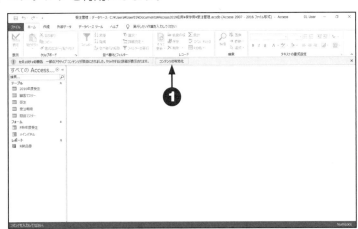

❶ メッセージバーの [コンテンツの有効化] をクリックします。

ヒント
コンテンツの有効化

メッセージバーの ✕ 'このメッセージを閉じる' ボタンをクリックして、メッセージを閉じて、このまま操作することはできますが、アクションクエリなどは実行できません。また、この方法はデータベースを閉じて再度開くと、セキュリティの警告メッセージが表示されます。

Step 11 メッセージバーが表示されていないことを確認します。

Step 12 ✕ 閉じるボタンをクリックして、データベース「受注管理」を閉じてAccessを終了します。

第1章 データベースの設計

ヒント　データベースに対して信頼できる場所の確認または追加方法

初期設定では、信頼できる場所に設定されているフォルダー以外の場所でAccess 2019のデータベースを開いた場合、メッセージバーにセキュリティの警告が表示されます。信頼できるデータベースだとわかっている場合は、データベースを信頼できる場所に設定したフォルダーに保存するか、データベースが保存されているフォルダーを信頼できる場所に設定すると、セキュリティの警告が表示されなくなります。

信頼できる場所に設定されているフォルダーを確認または追加するには、[ファイル]タブの[オプション]をクリックして[Accessのオプション]ダイアログボックスを開きます。左側の領域で[セキュリティセンター]をクリックし、[セキュリティセンターの設定]をクリックして[セキュリティセンター]ダイアログボックスを開きます。左側の領域で[信頼できる場所]をクリックすると、信頼できる場所に設定されているフォルダーを確認または追加することができます。

この章の確認

- ☐ データベース設計の基本概念が理解できましたか？
- ☐ リレーショナルデータベースが理解できましたか？
- ☐ DBMS（DataBase Management System）が理解できましたか？
- ☐ システム設計の手順と各作業で行う主な作業が理解できましたか？
- ☐ 業務分析手順が理解できましたか？
- ☐ データベース設計の手順が理解できましたか？

リレーションシップの作成

- テーブルの正規化
- リレーションシップの作成方法
- テーブルの結合の種類
- 参照整合性

テーブルの正規化

テーブルの正規化とは、データの繰り返しや矛盾を減らし、関連性の強いフィールドをまとめ最適化することで、一事実一箇所（1 fact in 1 place）になるようにすることです。これにより、データの更新や追加、削除への柔軟性が高まり、データ間の矛盾を防ぐこともできます。

テーブル内のフィールドごとのデータの関連を分析し、データに矛盾が生じないように配慮しながら、フィールド内のデータの繰り返しや矛盾する依存関係を排除して、簡潔なテーブル構成に整理することを「テーブルの正規化」といいます。正規化には、テーブル間のリレーションシップを作成する作業も含まれます。

正規化には、第1正規形、第2正規形、第3正規形などがあり、正規化されていないテーブルは非正規形といいます。

ここでは、一般的な第1正規形から第3正規形までを説明します。

🛑 重要　テーブルの正規化

テーブルの正規化は、すべてのデータベースに適しているとは限りません。たとえば、正規化を行うことで計算が増えてパフォーマンスが低下し、そのために計算結果をテーブル内に格納しておくケースも少なくありません。正規化をすることで発生する問題があるかもしれない点を考慮しておく必要があります。

■ 第1正規形

第1正規形は、繰り返しのデータが出現するフィールドを含まず、また「金額」のように、単価×数量という他のフィールドの値から、計算などにより導かれる演算フィールドも含まず、これ以上分解できないデータ要素のみで構成されたテーブルのことです。

次のページの非正規形の [受注] テーブルでは、[商品コード] フィールドから [金額] フィールドまでが繰り返し出ていることがわかります。また、[金額] フィールドは、[単価] フィールド× [数量] フィールドの計算から導くことができる演算フィールドであることがわかります。ここではテーブルを分割する場合に考慮しなければならない、キーフィールドについて考えてみます。非正規形の [受注] テーブルの [受注ID] フィールドは、この非正規形テーブルのキーです。また、[商品コード] フィールドから [数量] フィールドと [金額] フィールドは、この繰り返し部分のキーです。

第1正規形は、非正規形テーブルから繰り返しのフィールドの組を分け、他のフィールドの値から計算などにより導かれる演算フィールドを削除することです。その際、分けるテーブルに、元の非正規形テーブルのキーとなるフィールドを含めます。これにより、分けるテーブルのデータが、どの受注のものであるかを識別することができます。また、繰り返し部分のキーは「商品コード」であるため、分けられるテーブルのデータを一意に識別するためには、[受注ID] フィールドと [商品コード] フィールドを組み合わせた「複合キー」をキーとします。

📘 用語　複合キー

複数のフィールドを組み合わせたキーのことです。この例では、[受注明細] テーブルの、[受注ID] フィールドと [商品コード] フィールドの組み合わせが複合キーとなります。

12　テーブルの正規化

非正規形：[受注]テーブル

受注ID	受注日	顧客ID	顧客名	フリガナ	郵便番号	都道府県	住所
1	2017/11/20	1	木村 桃花	キムラ モモカ	232-0061	神奈川県	横浜市南区大岡0-6-0
2	2017/11/25	3	風間 祐樹	カザマ ユウキ	275-0014	千葉県	習志野市鷺沼0-10-00
3	2017/12/16	5	菅野 美由紀	スガノ ミユキ	183-0055	東京都	府中市府中町0-20-0
4	2018/1/5	7	相川 茂	アイカワ シゲル	141-0021	東京都	品川区上大崎0-20-0 パレスビュー200
5	2018/1/12	2	渡辺 聡子	ワタナベ サトコ	151-0011	東京都	渋谷区東0-200
6	2018/1/20	9	山田 優子	ヤマダ ユウコ	272-0001	千葉県	市川市二俣0-1-50
7	2018/1/26	10	米倉 良祐	ヨネクラ リョウスケ	124-0025	東京都	葛飾区西新小岩0-30
8	2018/2/4	14	田中 正輝	タナカ マサテル	…	…	…

電話番号	商品コード	商品名	単価	数量	金額
045-700-0000	BR-100	ドラゴンビール	¥2,400	2	¥4,800
	SH-400	雲山	¥1,100	5	¥5,500
	WE-300	ルージュ・ド・ソレイユ	¥2,900	5	¥14,500
047-444-0000	BR-100	ドラゴンビール	¥2,400	10	¥24,000
	SH-300	夕日の里	¥1,200	10	¥12,000
	SH-500	観梅	¥800	10	¥8,000
	WE-100	シャトーミッシェル	¥3,800	10	¥38,000
	WE-400	ピエール・ノワール	¥3,700	20	¥74,000
042-444-0000	SH-400	雲山	¥1,100	3	¥3,300
	DN-100	雪舞い	¥850	2	¥1,700
03-5555-0000	NH-100	金麗	¥4,350	2	¥8,700
	SH-300	夕日の里	¥1,200	2	¥2,400
03-3333-0000	BR-300	ドラゴンライト	¥2,100	2	¥4,200
	WE-500	シャルル・ビンテージ	¥3,150	2	¥6,300
047-333-0000	WE-100	シャトーミッシェル	¥3,800	1	¥3,800
	WE-500	シャルル・ビンテージ	¥3,150	1	¥3,150
03-9999-0000	WE-400	ピエール・ノワール	¥3,700	1	¥3,700
	BR-100	ドラゴンビール	¥2,400	10	¥24,000
03-8888-0000	SH-100	魔界			

← 繰り返しデータ

← 繰り返し部分のキー

第1正規形

[受注] テーブル

受注ID	受注日	顧客ID	顧客名	フリガナ	郵便番号	都道府県	住所	電話番号
1	2017/11/20	1	木村 桃花	キムラ モモカ	232-0061	神奈川県	横浜市南区大岡0-6-0	045-700-0000
2	2017/11/25	3	風間 祐樹	カザマ ユウキ	275-0014	千葉県	習志野市鷺沼0-10-00	047-444-0000
3	2017/12/16	5	菅野 美由紀	スガノ ミユキ	183-0055	東京都	府中市府中町0-20-0	042-444-0000
4	2018/1/5	7	相川 茂	アイカワ シゲル	141-0021	東京都	品川区上大崎0-20-0 パレスビュー200	03-5555-0000
5	2018/1/12	2	渡辺 聡子	ワタナベ サトコ	151-0011	東京都	渋谷区東0-200	03-3333-0000
6	2018/1/20	9	山田 優子	ヤマダ ユウコ	272-0001	千葉県	市川市二俣0-1-50	047-333-0000
7	2018/1/26	10	米倉 良祐	ヨネクラ リョウスケ	124-0025	東京都	葛飾区西新小岩0-30	03-9999-0000
8	2018/2/4	14	田中 正輝	タナカ マサテル	114-0003	東京都	北区豊島0-20-0-300	03-8888-0000
9	2018/2/16	1	木村 桃花	キムラ モモカ	232-0061	神奈川県	横浜市南区大岡0-6-0	045-700-0000

[受注明細] テーブル

受注ID	商品コード	商品名	単価	数量
1	SH-400	雲山	¥1,100	5
1	BR-100	ドラゴンビール	¥2,400	2
1	WE-300	ルージュ・ド・ソレイユ	¥2,900	5
2	BR-100	ドラゴンビール	¥2,400	10
2	SH-300	夕日の里	¥1,200	10
2	SH-500	観梅	¥800	10
2	WE-100	シャトーミッシェル	¥3,800	10
2	WE-400	ピエール・ノワール	¥3,700	20
3	SH-400	雲山	¥1,100	3
4	NH-100	金麗	¥4,350	2
4	SH-300	夕日の里	¥1,200	2
4	DN-100	雪舞い	¥850	2
5	BR-300	ドラゴンライト	¥2,100	2
5	WE-500	シャルル・ビンテージ	¥3,150	2
6	WE-500	シャルル・ビンテージ	¥3,150	1
6	WE-100	シャトーミッシェル	¥3,800	1
7	WE-400	ピエール・ノワール	¥3,700	1
8	BR-100	ドラゴンビール	¥2,400	10
8	SH-100	魔界	¥3,800	1
8	SH-400	雲山	¥1,100	6
9	SH-100	魔界	¥3,800	1
9	WE-300	ルージュ・ド・ソレイユ	¥2,900	1
10	NH-200	寒桜		

← 複合キー

← 非正規形テーブルのキー

💡 ヒント　第1正規形

フラットな表にする場合とテーブルを分割する場合があります。

■ 第2正規形

第2正規形とは、第1正規形であり、かつすべてのキー以外のフィールドの値がキーに対して一意に決まるテーブルのことです。

[受注明細] テーブルの [商品名] フィールド、[単価] フィールドは、[商品コード] フィールドが決まれば一意に決まりますが、このテーブルの複合キーである [受注ID] フィールドと [商品コード] フィールドの組み合わせで一意に決まるフィールドではありません。

このようなフィールドに対してデータが一意に決まるように、テーブルを次のように分けます。

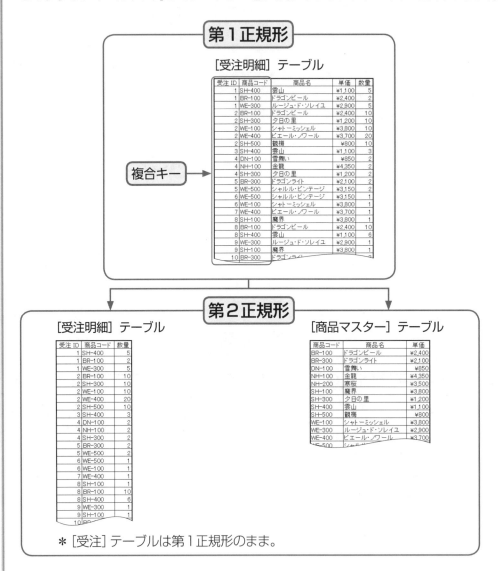

第1正規形に複合キーがない場合は、すでに第2正規形を満たしていることになります。

■ 第3正規形

第3正規形とは、第2正規形であり、かつすべてのキー以外のフィールドがキーから見て間接的（推移的）に値が一意に決まるテーブルのことです。

[受注] テーブルの [顧客名] フィールドから [電話番号] フィールドは、[受注ID] フィールドが決まれば一意に決まるフィールドではありません。[受注ID] フィールドが決まり、[顧客ID] フィールドが決まることで、一意に決まるフィールドの集合です。

このようなフィールドに対してデータが一意に決まるように、テーブルを次のように分けます。

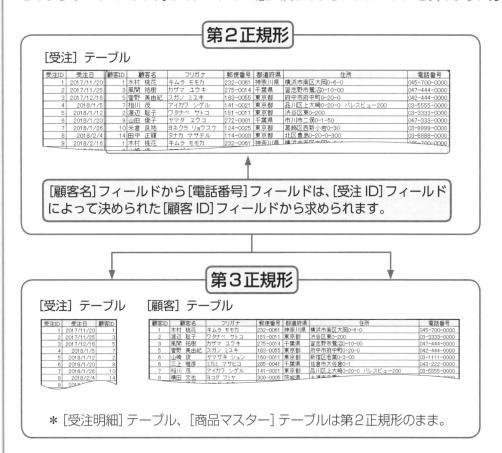

第3正規化は、第2正規化によって分けたテーブルのキー以外のフィールドを見直し、キー以外のすべてのフィールドが別のキーによって一意に決まるように、テーブルを分けます。

■ 正規化のポイント

正規化のポイントをまとめると次のようになります。
- 第1正規化……繰り返しの分離
- 第2正規化……テーブルの主キー以外に従属しないように分離
- 第3正規化……キー以外のフィールドの分離

リレーションシップの作成方法

Accessは、テーブル間に関連性を持たせることができる「リレーショナルデータベース」と呼ばれるデータベース管理システムです。リレーショナルデータベースでは、1つのデータベースの中に複数のテーブルを作成して関連付けると、必要なときに他のテーブルのデータを参照して利用することができます。
他のテーブルを参照できるようにするには、テーブル同士の関係を設定して関連付けます。このテーブル同士の関連付けを、「リレーションシップ」といいます。

Accessでは、1つの大きなテーブルにデータを保存するよりも、管理対象ごとに複数のテーブルに分けてデータを保存すると、データを有効に活用できます。また、データの更新や削除に対してデータベース全体での影響をチェックした上で実行できるメリットがあります。
複数のテーブルから、それぞれの情報を一緒に取り出すためには、関連のある複数のテーブルに共通のフィールドを配置して、テーブル間に「リレーションシップ」を作成します。
次の図は、[顧客マスター]、[受注]、[受注明細]、[商品マスター]のテーブル間にリレーションシップを作成し、受注と受注明細の情報を1つの表にするために、4つのテーブルからクエリで表示するフィールドを設定しています。

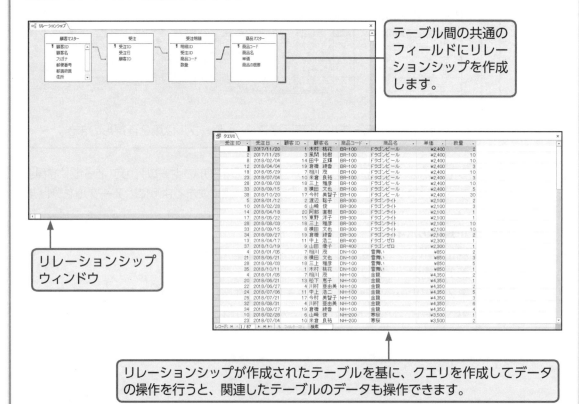

テーブル間の共通のフィールドにリレーションシップを作成します。

リレーションシップウィンドウ

リレーションシップが作成されたテーブルを基に、クエリを作成してデータの操作を行うと、関連したテーブルのデータも操作できます。

■ リレーションシップの作成の条件

リレーションシップは、関連付けるテーブルと共通のフィールドが、次の条件を満たしている場合に作成できます。

- ・共通のフィールドが同じデータ型

(例外として、オートナンバー型フィールドと数値型フィールドは、データ型が異なっていても、[フィールドサイズ] プロパティに [長整数型] が設定されているときにはリレーションシップを作成できます)

- ・共通のフィールドが同じフィールドサイズ (数値型フィールドの場合)
- ・2つのテーブルが同じデータベースにある場合

■ リレーションシップの作成方法による違い

リレーションシップの作成は、リレーションシップウィンドウまたはクエリのデザインビューで行います。

それぞれ次のような違いがあります。

作成方法	内容
リレーションシップウィンドウ	・データベース全体で認識できるリレーションシップを作成することができます。 ・サブデータシートで関連するデータを確認できます。 ・一側のテーブルを基に単票形式のフォームを作成すると、自動的にメイン/サブフォームが作成されます。 ・リレーションシップの作成は、手動でテーブルを関連付けます。
クエリのデザインビュー	・そのクエリのみで認識できるリレーションシップを作成することができます。 ・一側のテーブルを基に単票形式のフォームを作成すると、一側のテーブルのみのフォームを作成します。自動的にメイン/サブフォームの作成はしません。 ・リレーションシップの作成は、テーブルを追加するとAccessが自動的にテーブルを関連付けます。

■ テーブル間の自動結合

テーブル間にリレーションシップを作成していない状態でも、クエリに追加したテーブルが次の条件をすべて満たしていればテーブルは自動結合されます。

- ・同じフィールド名
- ・同じデータ型

(例外として、オートナンバー型フィールドと数値型フィールドは、[フィールドサイズ] プロパティに [長整数型] が設定されているときには、自動的に結合します)

- ・同じフィールドサイズ (数値型フィールドの場合)
- ・一方または両方が主キー

操作 リレーションシップを作成する

[顧客マスター] テーブルと [受注] テーブル、[受注] テーブルと [受注明細] テーブル、[受注明細] テーブルと [商品マスター] テーブル間にリレーションシップを作成して、それぞれのテーブルを関連付けましょう。

Step 1 [保存用] フォルダーにあるデータベース「受注管理」を開きます。本章から学習を開始する場合は、[Access2019応用] フォルダーにあるデータベース「2章_受注管理」を開きます。

Step 2 リレーションシップウィンドウを開きます。

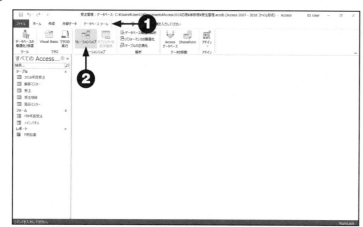

❶ [データベースツール] タブをクリックします。

❷ [リレーションシップ] ボタンをクリックします。

Step 3 リレーションシップウィンドウと同時に [テーブルの表示] ダイアログボックスが開いたことを確認します。

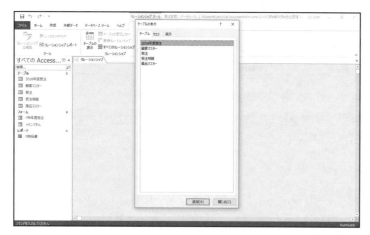

Step 4 リレーションシップウィンドウにテーブルを追加して、[テーブルの表示]ダイアログボックスを閉じます。

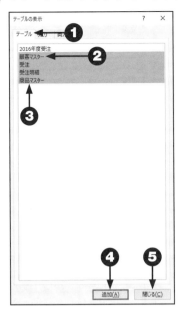

❶ [テーブルの表示] ダイアログボックスの [テーブル] タブが選択されていることを確認します。

❷ [顧客マスター] をクリックします。

❸ **Shift**キーを押しながら[商品マスター] をクリックします。

❹ [追加] をクリックします。

❺ [閉じる] をクリックします。

💡 ヒント
テーブルの追加

各テーブルを個別にダブルクリックするか、[追加] をクリックすると、1つずつテーブルを追加することもできます。離れた位置のテーブルを同時に選択するには、1つ目のテーブルをクリックして、2つ目以降のテーブルを**Ctrl**キーを押しながらクリックします。

Step 5 追加されたテーブルのフィールドリストを確認します。

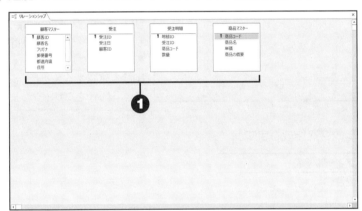

❶ [顧客マスター]、[受注]、[受注明細]、[商品マスター] の各テーブルのフィールドリストが追加されていることを確認します。

💡 ヒント
フィールドリストの移動

フィールドリストのテーブル名を表示しているタイトルバーをドラッグすると、任意の場所に移動できます。

Step 6 [リレーションシップ] ダイアログボックスを開きます。

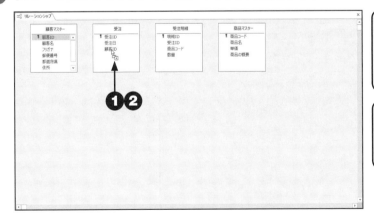

❶ [顧客マスター] テーブルの [顧客ID] フィールドを [受注] テーブルの [顧客ID] フィールドにドラッグします。

❷ マウスポインターの形が になっていることを確認して、マウスのボタンを離します。

第2章 リレーションシップの作成

Step 7 2つのテーブル間にリレーションシップを作成します。

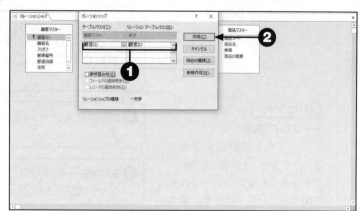

❶ [顧客ID] と表示されていることを確認します。

❷ [作成] をクリックします。

Step 8 リレーションシップが作成されます。

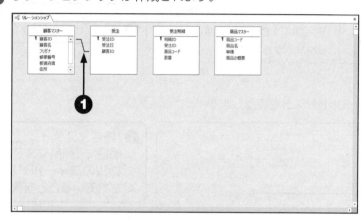

❶ [顧客マスター] テーブルと [受注] テーブルの [顧客ID] フィールド間に結合線が表示されていることを確認します。

💡 **ヒント**
リレーションシップの削除
リレーションシップを削除するには、結合線をクリックして、**Delete**キーを押します。削除を確認するメッセージが表示されるので、[はい] をクリックします。

Step 9 同様に、次のリレーションシップを作成します。

テーブル名	フィールド名
受注と受注明細	受注ID
受注明細と商品マスター	商品コード

Step 10 作成したリレーションシップを確認します。

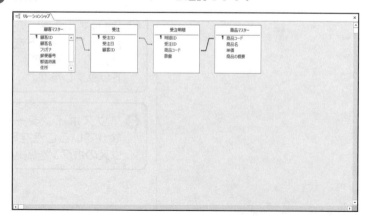

Step 11 クイックアクセスツールバーの 🖫 [上書き保存] ボタンをクリックして、リレーションシップを保存します。

Step 12 ✕ 'リレーションシップ' を閉じるボタンをクリックして、リレーションシップウィンドウを閉じます。

ヒント　リレーションシップの印刷

リレーションシップの印刷ウィザードを使用すると、リレーションシップウィンドウのリレーションシップを表示するレポートを作成することができます。レポートを作成するには、リレーションシップウィンドウを開き、[デザイン] タブの [リレーションシップレポート] [リレーションシップレポート] ボタンをクリックします。

作成したレポートには [(データベース名) のリレーションシップ] というタイトルがレポートに表示されます。このレポートは、必要に応じて保存して後で印刷したり参照することもできます。

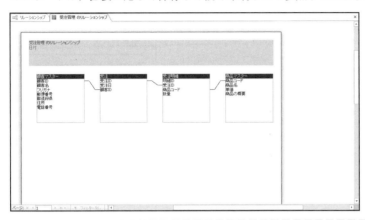

ヒント　サブデータシート

リレーションシップを作成すると、主キーを設定したテーブルに自動的に「サブデータシート」が作成され、データシートビューに表示することができます。

サブデータシートとは、メインとなるテーブルのデータシートに関連付けられているデータを格納するデータシートです。たとえば、[顧客マスター] テーブルと [受注] テーブルとの間に一対多のリレーションシップが作成されている場合は、[顧客マスター] テーブルの各行に ⊞ 展開インジケーターが表示されます。展開インジケーターをクリックすると、[受注] テーブルの関連するレコードをサブデータシートで表示することができます。

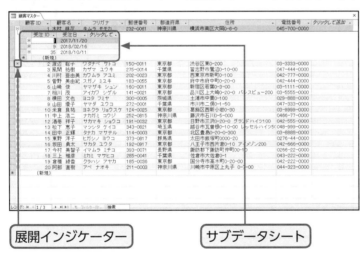

操作 クエリでテーブルを結合する

[顧客マスター]、[受注]、[受注明細]、[商品マスター]の各テーブルを使用して、受注した商品の詳細を一覧で表示しましょう。

Step 1 デザインビューでクエリを作成します。

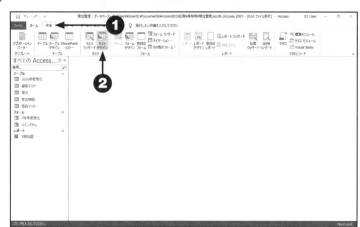

❶[作成]タブをクリックします。

❷[クエリデザイン]ボタンをクリックします。

Step 2 クエリにテーブルを追加します。

❶[テーブルの表示]ダイアログボックスが開き、[テーブル]タブが選択されていることを確認します。

❷[顧客マスター]をクリックします。

❸**Shift**キーを押しながら[商品マスター]をクリックします。

❹[追加]をクリックします。

❺[閉じる]をクリックします。

Step 3 結合線が表示されていることを確認します。

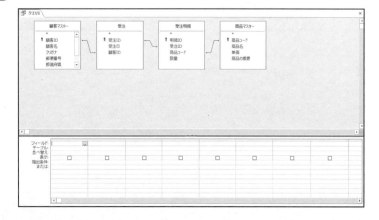

22　リレーションシップの作成方法

Step 4 [受注明細] テーブルの [受注ID] フィールドをデザイングリッドに追加します。

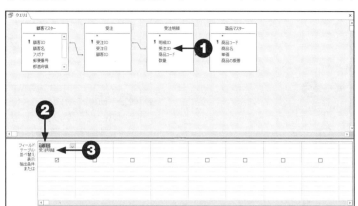

❶ [受注明細] テーブルの[受注ID]をダブルクリックします。

❷ デザイングリッドの [フィールド] 行に [受注ID] と表示されていることを確認します。

❸ デザイングリッドの[テーブル]行に[受注明細] と表示されていることを確認します。

Step 5 同様に、次の順番でデザイングリッドにフィールドを追加します。

フィールド名	テーブル名
受注日	受注
顧客ID	受注
顧客名	顧客マスター
商品コード	受注明細
商品名	商品マスター
単価	商品マスター
数量	受注明細

Step 6 追加したフィールドを確認して、クエリを実行します。

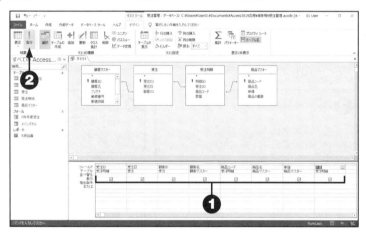

❶ デザイングリッドに必要なフィールドが追加されていることを確認します。

❷ [実行] ボタンをクリックします。

Step 7 実行結果を確認します。

❶ [受注ID] に対応した受注日が表示されていることを確認します。

❷ [顧客ID] に対応した顧客名が表示されていることを確認します。

❸ [商品コード] に対応した商品名と単価が表示されていることを確認します。

Step 8 クエリに名前を付けて保存します。

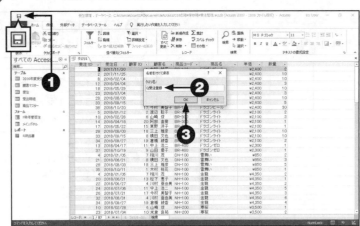

❶ クイックアクセスツールバーの[上書き保存]ボタンをクリックします。

❷ [名前を付けて保存]ダイアログボックスの[クエリ名]ボックスに「Q受注登録」と入力します。

❸ [OK]をクリックします。

💡ヒント　オブジェクトの名前

作成したオブジェクトに名前を付けるときに、それぞれどのオブジェクトなのかをわかりやすくするために、オブジェクトが判断できる記号や文字を付けることがあります。たとえば、クエリの名前の先頭には、「Q」を付けると管理しやすくなります。また、テーブルやクエリを基にフォームやレポートなどを作成するときも、オブジェクトの名前でテーブルとクエリを判断できます。

操作☞ クエリでデータを変更する

クエリのデータシートで[顧客ID]フィールドの値を変更すると、関連付けられている[顧客マスター]テーブルを参照して、変更した顧客IDに対応する顧客名に変更されることを確認しましょう。

Step 1 先頭のレコードの[顧客ID]フィールドの値を変更します。

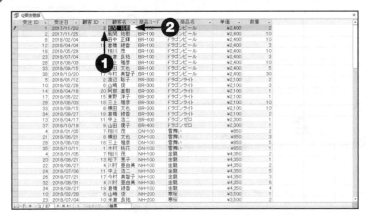

❶ [顧客ID]フィールドの値「1」を「3」に変更して、**Enter**キーを押します。

❷ [顧客名]フィールドの値が「風間　祐樹」に変更されたことを確認します。

24　リレーションシップの作成方法

Step 2 先頭のレコードの[商品コード]フィールドの値を変更します。

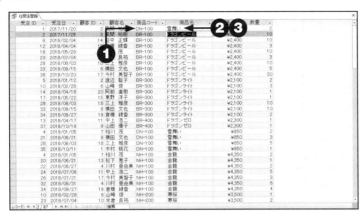

❶ [商品コード]フィールドの値「BR-100」を「DN-100」に変更して、Enterキーを押します。

❷ [商品名]フィールドの値が「雪舞い」に変更されたことを確認します。

❸ ↓キーを押してレコードを保存します。

操作 演算フィールドを追加する

複数のテーブルに存在するフィールドを基に計算を行うことができます。[Q受注登録]クエリに金額(単価×数量)を計算する演算フィールドを追加して通貨書式を設定し、その結果を確認しましょう。

Step 1 [ホーム]タブの [表示]ボタンをクリックして、デザインビューに切り替えます。

Step 2 「金額」を表示する演算フィールド(金額: [単価] * [数量])を作成します。

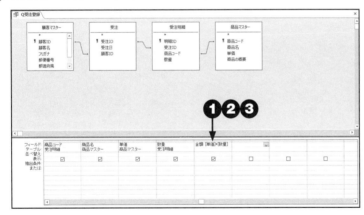

❶ [数量]フィールドの右側の[フィールド]行をクリックします。

❷ 「金額:単価*数量」と入力して、Enterキーを押します。

❸ [金額:[単価]*[数量]]と表示されていることを確認します。

Step 3 [金額]フィールドに通貨書式を設定します。

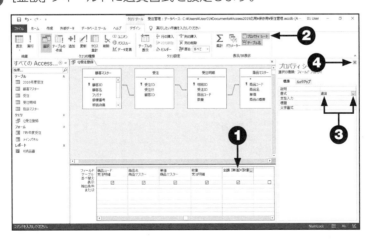

❶ [金額]フィールドをクリックします。

❷ [デザイン]タブの[プロパティシート]ボタンをクリックして、プロパティシートを表示します。

❸ [標準]タブの[書式]ボックスをクリックし、▼をクリックして、[通貨]をクリックします。

❹ プロパティシートの閉じるボタンをクリックして、プロパティシートを閉じます。

第2章 リレーションシップの作成

Step 4 [デザイン] タブの [実行] ボタンをクリックして、クエリを実行します。

Step 5 [金額] フィールドに計算結果が表示されていることを確認します。

Step 6 クイックアクセスツールバーの [上書き保存] ボタンをクリックして、[Q受注登録] クエリを上書き保存します。

Step 7 'Q受注登録' を閉じるボタンをクリックして、[Q受注登録] クエリを閉じます。

26　リレーションシップの作成方法

テーブルの結合の種類

テーブルの結合には、「内部結合」と「外部結合」の2種類があります。内部結合と外部結合は、共通のフィールドの値に対して、それぞれのテーブルからデータをどのように抽出するかによって区分されます。

「内部結合」は、2つのテーブルを基にリレーションシップを作成すると、共通のデータ項目の値が一致したデータだけを表示します。
「外部結合」には、2種類あります。1つは「右外部結合」、もう1つは「左外部結合」です。
2つのテーブルを基にリレーションシップを作成すると、共通のデータ項目の値が一致したデータだけでなく、指定した側(右側、または左側)のすべてのデータを表示します。
たとえば、次のようなテーブルでデータを管理していたとします。

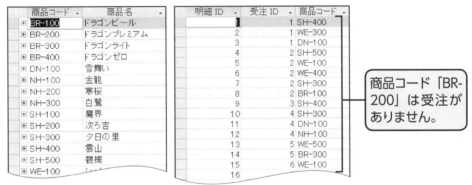

■ 内部結合によるデータの抽出(受注のあった商品一覧)
[商品マスター]テーブルにデータが存在しても受注のない商品は表示されません。

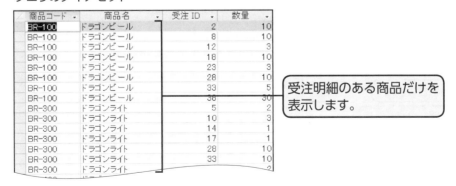

第2章 リレーションシップの作成

■ 左外部結合によるデータの抽出（受注のない商品も含む商品一覧）
[商品マスター] テーブルのデータは受注がなくてもすべて表示します。

クエリのダイナセット

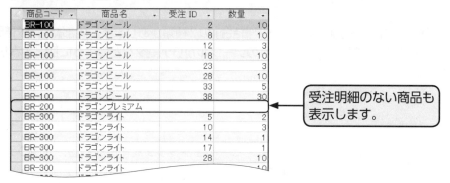

受注明細のない商品も表示します。

■ 右外部結合によるデータの抽出（受注のあった商品一覧）
[受注明細] テーブルのデータをすべて表示します。商品コードを入力していないデータが存在してもすべて表示します。データがすべて入力されていれば、内部結合と結果は同じになります。

クエリのダイナセット

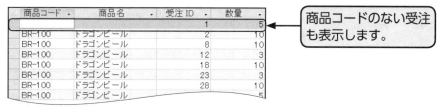

商品コードのない受注も表示します。

■ テーブルの結合の設定

結合の設定は、[結合プロパティ] ダイアログボックスで設定します。初期設定では、内部結合が設定されます。
[結合プロパティ] ダイアログボックスは次の方法で開きます。

・リレーションシップウィンドウで結合線をダブルクリックして、[リレーションシップ] ダイアログボックスの [結合の種類] をクリックします。
・クエリのデザインビューで結合線をダブルクリックします。

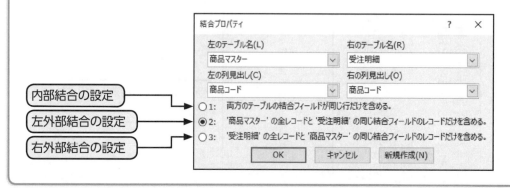

内部結合の設定
左外部結合の設定
右外部結合の設定

操作 ☞ 外部結合を使用して受注記録のないレコードを確認する

外部結合を設定して、受注のない商品も含めて抽出しましょう。

Step 1 ナビゲーションウィンドウのテーブルの一覧から [商品マスター] をダブルクリックして、[商品マスター] テーブルをデータシートビューで開きます。

Step 2 [商品マスター] テーブルを確認します。

❶「BR」で始まる商品コードが「BR-100」から「BR-400」までの値であることを確認します。

Step 3 ☒ '商品マスター' を閉じるボタンをクリックして、[商品マスター] テーブルを閉じます。

Step 4 [作成] タブの [クエリデザイン] ボタンをクリックして、クエリを新規に作成します。

[テーブルの表示] ダイアログボックスで [受注明細] テーブルと [商品マスター] テーブルを追加して、[テーブルの表示] ダイアログボックスを閉じます。

Step 6 デザイングリッドにフィールドを追加します。

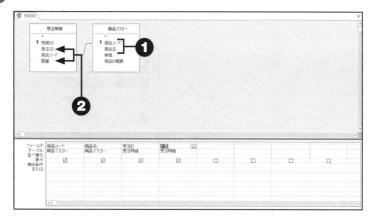

❶ [商品マスター] テーブルの [商品コード]、[商品名] の順番にダブルクリックします。

❷ [受注明細] テーブルの [受注ID]、[数量] の順番にダブルクリックします。

Step 7 [デザイン] タブの [実行] ボタンをクリックして、クエリを実行します。

第 2 章 リレーションシップの作成 29

Step 8 受注がある商品だけが表示されていることを確認します。

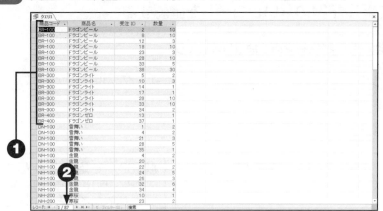

❶ [商品コード] フィールドの値が「BR-200」のレコードが表示されていないことを確認します。

❷ レコードの件数が87件と表示されていることを確認します。

Step 9 [ホーム] タブの [表示] ボタンをクリックして、デザインビューに切り替えます。

Step 10 [受注明細] テーブルと [商品マスター] テーブルの結合線をダブルクリックして、[結合プロパティ] ダイアログボックスを開きます。

Step 11 外部結合を設定します。

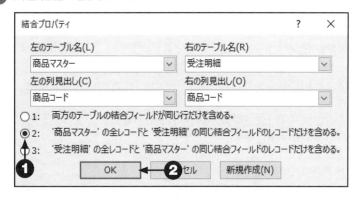

❶ [2: '商品マスター' の全レコードと '受注明細' の同じ結合フィールドのレコードだけを含める。] をクリックします。

❷ [OK] をクリックします。

Step 12 結合線が矢印に変更されたことを確認します。

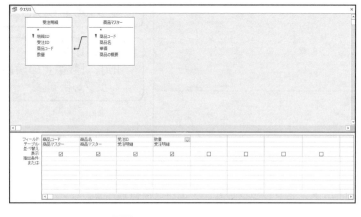

💡 **ヒント**
結合線の矢印表示
外部結合を設定すると、結合線に矢印が表示されます。この例では、結合線に矢印のない [商品マスター] テーブルはすべてのレコードを表示するテーブルで、矢印の付いている [受注明細] テーブルはフィールドが一致するレコードだけを表示するテーブルになります。

Step 13 [デザイン] タブの [実行] ボタンをクリックして、クエリを実行します。

Step 14 受注のない商品も表示されていることを確認します。

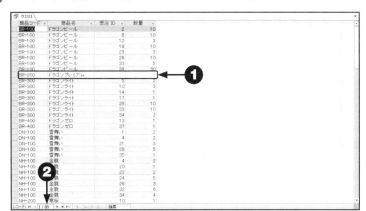

❶ [商品コード] フィールドの値がすべて表示され、[受注ID] フィールドと[数量] フィールドが空白のレコードが表示されていることを確認します。

❷ レコードの件数が89件と表示されていることを確認します。

Step 15 クエリに名前を付けて保存します。

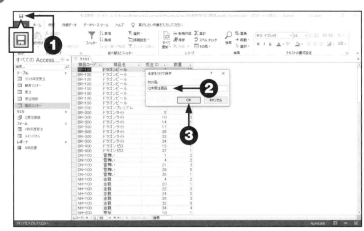

❶ クイックアクセスツールバーの [上書き保存] ボタンをクリックします。

❷ [名前を付けて保存] ダイアログボックスの [クエリ名] ボックスに「Q未受注商品」と入力します。

❸ [OK] をクリックします。

Step 16 ✕ 'Q未受注商品' を閉じるボタンをクリックして、[Q未受注商品] クエリを閉じます。

💡 ヒント 「Is Null」について

Accessでは、空白のデータを「Null値」といいます。指定したフィールドが空白のレコードを条件として抽出するには、クエリの [抽出条件] 行に「Is Null」と半角で入力するか、「null」と入力してEnterキーを押します。
たとえば、外部結合を設定し、[受注ID] フィールドや [数量] フィールドの [抽出条件] 行に「Is Null」の条件を設定すると受注のない商品だけを抽出することができます。

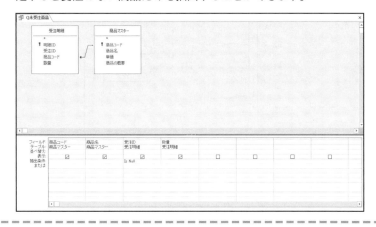

参照整合性

テーブルにデータを入力していくに従って、参照先のテーブルに存在していないデータを格納したり、参照先のテーブルのデータが勝手に書き変わってしまったりすることで、どのデータとも結び付かないデータが発生する可能性があります。Accessでは、リレーションシップで結合したテーブル間で、整合性のあるデータを保持するために「参照整合性」という規則を設定することができます。

参照整合性は、レコードの入力や削除を行っても、テーブル間のデータの結び付きが正しく維持されるようにするための規則です。参照整合性を設定するには、テーブルの関係を把握する必要があります。

■ 主キーと外部キー
参照整合性を設定する場合、テーブル間に一対多のリレーションシップを作成します。このとき、これらのテーブル間には共通のフィールドが必要になります。一側のテーブルのフィールドには、「主キー」を設定し、繰り返し出現するデータを保存する多側のテーブルには、リレーションシップを作成するためにフィールドを作成します。このフィールドを「外部キー」といいます。

■ 一側のテーブルと多側のテーブル
リレーションシップを作成する2つのテーブルのうち、結合線が主キーに引かれているテーブルを「一側のテーブル」、外部キーに引かれているテーブルを「多側のテーブル」といいます。次のように、一側のテーブルの1件のレコードに対して、多側のテーブルのレコードは多数結び付きます。

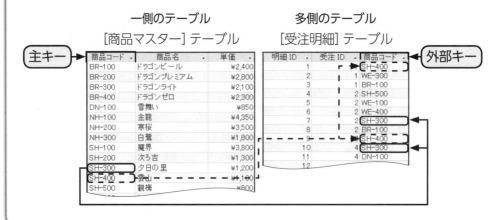

参照整合性によるデータ操作の制限

参照整合性を設定すると、多側のテーブルに、一側のテーブルのどのレコードとも結び付かないレコードを作成しないように、入力、更新、削除の操作を制限することができるため、テーブル間の矛盾を防ぐことができます。

参照整合性を設定すると、テーブル間に次のようなデータ操作の制限を設定することができます。

■ **多側のテーブルでの外部キーの入力の制限**
多側のテーブルの外部キーフィールドに、一側のテーブルに存在しないデータを入力することはできません。

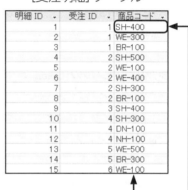

一側のテーブルに存在しないデータは、多側のテーブルに入力できません。
たとえば、一側のテーブルの[商品コード]フィールドに、「BR-500」が存在しないので、多側のテーブルの[商品コード]フィールドに「BR-500」を入力できません。

一側のテーブルの[商品コード]フィールドに、「SH-400」が存在するので、多側のテーブルの[商品コード]フィールドに「SH-400」は入力できます。

■ 一側のテーブルでの主キーの更新の制限

一側のテーブルの主キーと多側のテーブルの外部キーに同じデータが存在して、結び付いている
レコードは、一側のテーブルの主キーフィールドのデータを更新できません。

一側のテーブル　　　　　　　　　　　多側のテーブル
［商品マスター］テーブル　　　　　　　　［受注明細］テーブル

商品コード	商品名	単価
BR-100	ドラゴンビール	¥2,100
BR-200	ドラゴンプレミアム	¥2,800
BR-300	ドラゴンライト	¥2,100
BR-400	ドラゴンゼロ	¥2,300
DN-100	雪舞い	¥850
NH-100	金龍	¥4,350
NH-200	寒桜	¥3,500
NH-300	白鷺	¥1,800
SH-100	魔界	¥3,800
SH-200	次ろ吉	¥1,300
SH-300	夕日の里	¥1,200
SH-400	雲山	¥1,100
SH-500	観梅	¥800
WE-100	シャトーミッシェル	¥3,800
WE-200	サンセット	¥2,700
WE-300	ルージュ・ド・ソレイユ	¥2,900
WE-400	ビエール・ノワール	

明細 ID	受注 ID	商品コード
1	1	SH-400
2	1	WE-300
3	1	BR-100
4	2	SH-500
5	2	WE-100
6	2	WE-400
7	2	SH-300
8		BR-100
9	3	SH-400
10	4	SH-300
11	4	DN-100
12	4	NH-100
13	5	WE-500
14	5	BR-300
15		

> 多側のテーブルの［商品コード］フィールドに、「BR-200」が存在しないので、
> 一側のテーブルの［商品コード］フィールドの「BR-200」を更新できます。

> 多側のテーブルの［商品コード］フィールドに、「BR-100」が存在するので、
> 一側のテーブルの［商品コード］フィールドの「BR-100」を更新できません。

■ 一側のテーブルでのレコードの削除の制限

一側のテーブルの主キーと多側のテーブルの外部キーに同じデータが存在して、結び付いている
レコードは、一側のテーブルから削除することはできません。

一側のテーブル　　　　　　　　　　　多側のテーブル
［商品マスター］テーブル　　　　　　　　［受注明細］テーブル

商品コード	商品名	単価
BR-100	ドラゴンビール	¥2,100
BR-200	ドラゴンプレミアム	¥2,800
BR-300	ドラゴンライト	¥2,100
BR-400	ドラゴンゼロ	¥2,300
DN-100	雪舞い	¥850
NH-100	金龍	¥4,350
NH-200	寒桜	¥3,500
NH-300	白鷺	¥1,800
SH-100	魔界	¥3,800
SH-200	次ろ吉	¥1,300
SH-300	夕日の里	¥1,200
SH-400	雲山	¥1,100
SH-500	観梅	¥800
WE-100	シャトーミッシェル	¥3,800
WE-200	サンセット	¥2,700
WE-300	ルージュ・ド・ソレイユ	¥2,900
WE-400	ビエール・ノワール	

明細 ID	受注 ID	商品コード
1	1	SH-400
2	1	WE-300
3	1	BR-100
4	2	SH-500
5	2	WE-100
6	2	WE-400
7	2	SH-300
8		BR-100
9	3	SH-400
10	4	SH-300
11	4	DN-100
12	4	NH-100
13	5	WE-500
14	5	BR-300
15		

> 多側のテーブルの［商品コード］フィールドに、「BR-200」が存在しないので、
> 一側のテーブルの［商品コード］フィールドが「BR-200」のレコードを削除
> できます。

> 多側のテーブルの［商品コード］フィールドに、「BR-100」が存在するので、
> 一側のテーブルの［商品コード］フィールドが「BR-100」のレコードを削除
> できません。

操作 参照整合性を設定する

作成したリレーションシップに参照整合性を設定しましょう。

Step 1 [データベースツール] タブの [リレーションシップ] ボタンをクリックして、リレーションシップウィンドウを開きます。

Step 2 [リレーションシップ] ダイアログボックスを開きます。

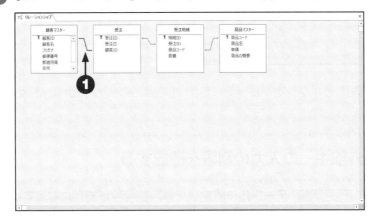

❶ [顧客マスター] テーブルと [受注] テーブルの結合線をダブルクリックします。

Step 3 参照整合性を設定します。

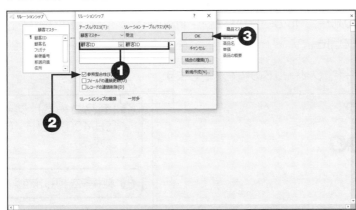

❶ [顧客ID] と表示されていることを確認します。

❷ [参照整合性] チェックボックスをオンにします。

❸ [OK] をクリックします。

Step 4 結合線の表示を確認します。

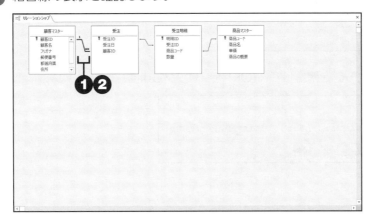

❶ [顧客マスター] テーブル側に [1] と表示されていることを確認します。

❷ [受注] テーブル側に [∞] と表示されていることを確認します。

💡 ヒント
結合線のマーク

参照整合性が設定されているリレーションシップの結合線には主キー側に [1]、外部キー側に [∞] のマークが付きます。

第 2 章　リレーションシップの作成

Step 5 同様に、すべてのリレーションシップに参照整合性を設定します。

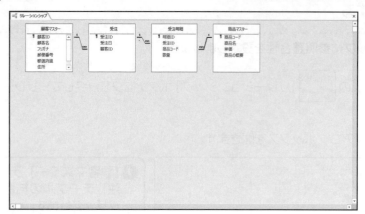

Step 6 ✕ 'リレーションシップ' を閉じるボタンをクリックして、リレーションシップウィンドウを閉じます。

操作 👉 多側のテーブルでの外部キーの入力の制限を確認する

[商品マスター] テーブルと [受注明細] テーブルに設定した参照整合性が有効になっているため、多側のテーブルである [受注明細] テーブルの [商品コード] フィールドの値は、[商品マスター] テーブルに存在しない値に変更できないことを確認しましょう。

Step 1 ナビゲーションウィンドウのテーブルの一覧から [受注明細] をダブルクリックして、[受注明細] テーブルをデータシートビューで開きます。

Step 2 先頭のレコードの [商品コード] フィールドの値を変更します。

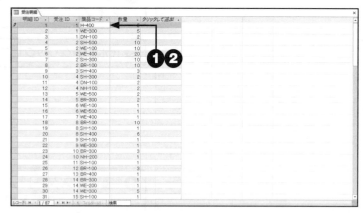

❶ [商品コード] フィールドの値「SH-400」を「H-400」に変更します。

❷ ↓キーを押します。

Step 3 参照整合性のエラーメッセージを確認して、[OK] をクリックします。

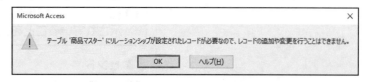

Step 4 Escキーを押して入力したデータを元の値に戻します。

Step 5 ×'受注明細'を閉じるボタンをクリックして、[受注明細] テーブルを閉じます。

操作 一側のテーブルでの主キーの更新の制限を確認する

[商品マスター] テーブルと [受注明細] テーブルに設定した参照整合性が有効になっているため、一側のテーブルである [商品マスター] テーブルの [商品コード] フィールドの値が変更できないことを確認しましょう。

Step 1 ナビゲーションウィンドウのテーブルの一覧から [商品マスター] をダブルクリックして、[商品マスター] テーブルをデータシートビューで開きます。

Step 2 18件目のレコードの [商品コード] フィールドの値を変更します。

❶ [商品コード] フィールドの値「WE-500」を「ZE-500」に変更します。

❷ ↓キーを押します。

Step 3 参照整合性のエラーメッセージを確認して、[OK] をクリックします。

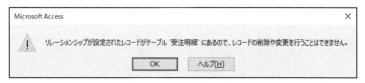

Step 4 Escキーを押して入力したデータを元の値に戻します。

操作 ☞ 一側のテーブルでのレコードの削除の制限を確認する

[商品マスター] テーブルと [受注明細] テーブルに設定した参照整合性が有効になっているため、一側のテーブルである [商品マスター] テーブルのレコードが削除できないことを確認しましょう。

Step 1 1件目のレコードを削除します。

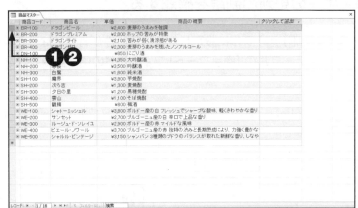

❶ 1件目のレコードのレコードセレクターをクリックします。

❷ Deleteキーを押します。

Step 2 参照整合性のエラーメッセージを確認して、[OK] をクリックします。

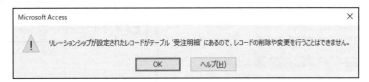

Step 3 ｘ '商品マスター' を閉じるボタンをクリックして、[商品マスター] テーブルを閉じます。

連鎖更新と連鎖削除

参照整合性を設定すると、一側のテーブルでは、共通のフィールドのデータを編集したり、レコードを削除することができません。参照整合性に加えて、「連鎖更新」、「連鎖削除」を設定すると、データの整合性を維持しながら、データの更新やレコードの削除を行うことができます。

連鎖更新は、一側のテーブルの主キーのデータを更新すると、多側のテーブルの結び付いているレコードの外部キーも同じ値に更新されます。

連鎖削除は、一側のテーブルのレコードを削除すると、多側のテーブルの結び付いているレコードも削除されます。

一側のテーブル
[商品マスター] テーブル

商品コード	商品名	単価
BR-100	ドラゴンビール	¥2,400
BR-200	ドラゴンプレミアム	¥2,800
BR-300	ドラゴンライト	¥2,100
BR-400	ドラゴンゼロ	¥2,300
DN-100	雪舞い	¥850
NH-100	金籠	¥4,350
NH-200	寒桜	¥3,500
NH-300	白鷺	¥1,800
SH-100	魔界	¥3,800
SH-200	次ろ吉	¥1,300
SH-300	夕日の里	¥1,200
SH-400	雲山	¥1,100
SH-500	観梅	¥800
WE-100	シャトーミッシェル	¥3,800
WE-200	サンセット	¥2,700
WE-300	ルージュ・ド・ソレイユ	¥2,900
WE-400	ピエール	

多側のテーブル
[受注明細] テーブル

明細ID	受注ID	商品コード
1	1	SH-400
2	1	WE-300
3	1	BR-100
4	2	SH-500
5	2	WE-100
6	2	WE-400
7	2	SH-300
8	2	BR-100
9	3	SH-400
10	4	SH-300
11	4	DN-100
12	4	NH-100
13	5	WE-500
14	5	BR-300
15	6	WE-100
16		

「WE-100」を「ZE-100」に更新すると、一側のテーブルに連鎖し、多側のテーブルのデータ「WE-100」も「ZE-100」に更新されます。また、「WE-100」のレコードを削除すると、一側のテーブルに連鎖し、多側のテーブルの「WE-100」のレコードも削除されます。

操作 連鎖更新と連鎖削除を設定する

[商品マスター]テーブルと[受注明細]テーブル間で、データの更新とレコードの削除を行えるように、連鎖更新と連鎖削除の設定をしましょう。

Step 1 [データベースツール]タブの [リレーションシップ]ボタンをクリックして、リレーションシップウィンドウを開きます。

Step 2 [リレーションシップ]ダイアログボックスを開きます。

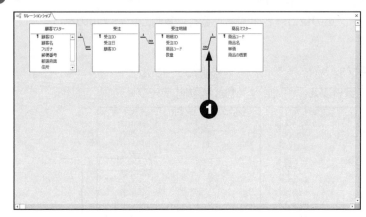

❶ [受注明細]テーブルと[商品マスター]テーブルの結合線をダブルクリックします。

Step 3 連鎖更新と連鎖削除を設定します。

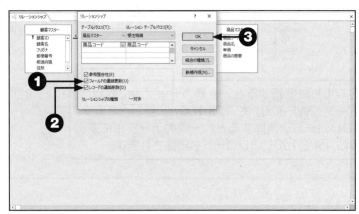

❶ [フィールドの連鎖更新]チェックボックスをオンにします。

❷ [レコードの連鎖削除]チェックボックスをオンにします。

❸ [OK]をクリックします。

Step 4 ✕ 'リレーションシップ'を閉じるボタンをクリックして、リレーションシップウィンドウを閉じます。

操作 連鎖更新を確認する

[商品マスター] テーブルの [商品コード] フィールド (主キー) の値を「WE-500」から「ZE-500」に変更して、[受注明細] テーブルの [商品コード] フィールド (外部キー) の値が更新されることを確認しましょう。

Step 1 ナビゲーションウィンドウのテーブルの一覧から [受注明細] をダブルクリックして、[受注明細] テーブルをデータシートビューで開きます。

Step 2 [受注明細] テーブルを確認します。

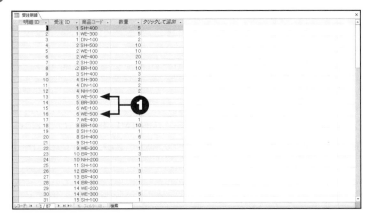

❶ 13件目、16件目のレコードの [商品コード] フィールドの値が [WE-500] と表示されていることを確認します。

Step 3 ナビゲーションウィンドウのテーブルの一覧から [商品マスター] をダブルクリックして、[商品マスター] テーブルをデータシートビューで開きます。

Step 4 18件目のレコードの [商品コード] フィールドの値を変更します。

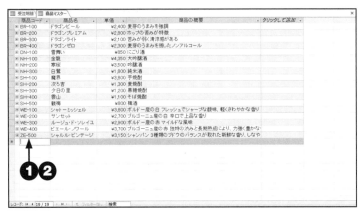

❶ [商品コード] フィールドの値「WE-500」を「ZE-500」に変更します。

❷ ↓キーを押します。

Step 5 ✕ '商品マスター' を閉じるボタンをクリックして、[商品マスター] テーブルを閉じ、[受注明細] テーブルが表示されていることを確認します。

Step 6 ［商品コード］フィールドの値が変更されていることを確認します。

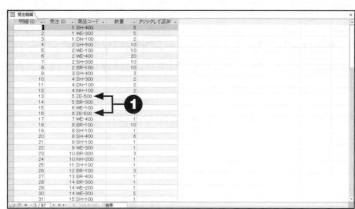

❶ 13件目、16件目のレコードの［商品コード］フィールドの値が「ZE-500」に変更されていることを確認します。

操作 連鎖削除を確認する

［商品マスター］テーブルの［商品コード］フィールド（主キー）の値が「ZE-500」のレコードを削除して、［受注明細］テーブルの［商品コード］フィールド（外部キー）の値が「ZE-500」のレコードも削除されることを確認しましょう。

Step 1 ［受注明細］テーブルを確認します。

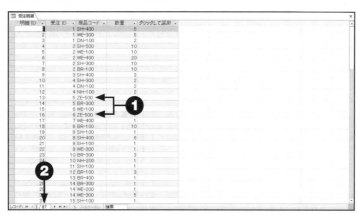

❶ 13件目、16件目のレコードの［商品コード］フィールドの値が「ZE-500」と表示されていることを確認します。

❷ レコードの件数が87件と表示されていることを確認します。

Step 2 ×'受注明細'を閉じるボタンをクリックして、［受注明細］テーブルを閉じます。

Step 3 ナビゲーションウィンドウのテーブルの一覧から［商品マスター］をダブルクリックして、［商品マスター］テーブルをデータシートビューで開きます。

Step 4 18件目の [商品コード] フィールドの値が「ZE-500」のレコードを削除します。

❶ 18件目のレコードのレコードセレクターをクリックします。

❷ **Delete**キーを押します。

> **❗ 重要**
> **連鎖削除を使用した**
> **レコードの削除について**
> 連鎖削除を行ってレコードを削除した場合、そのレコードを復旧することはできません。テーブル間の整合性を考えて、削除を行ってもよい場合のみに連鎖削除を設定するようにします。

Step 5 連鎖削除のメッセージを確認して、[はい] をクリックします。

Step 6 × '商品マスター' を閉じるボタンをクリックして、[商品マスター] テーブルを閉じます。

Step 7 ナビゲーションウィンドウのテーブルの一覧から [受注明細] をダブルクリックして、[受注明細] テーブルをデータシートビューで開きます。

Step 8 [商品コード] フィールドの値が「ZE-500」のレコードが削除されていることを確認します。

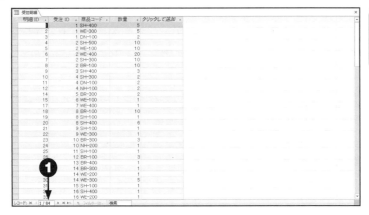

❶ 13件目、16件目のレコードが削除され、レコードの件数が84件になっていることを確認します。

Step 9 × '受注明細' を閉じるボタンをクリックして、[受注明細] テーブルを閉じます。

Step 10 × 閉じるボタンをクリックして、データベース「受注管理」を閉じてAccessを終了します。

💡 ヒント　ドキュメントタブを使用したオブジェクトの切り替え

連鎖更新、連鎖削除の操作の実行結果の確認の際、オブジェクトをその都度閉じていましたが、オブジェクトのドキュメントタブをクリックして切り替えても結果を確認できます。
ただし、連鎖削除では値は消えますが、削除された行が残り、各フィールドには [#Deleted] と表示されます。
F5キーを押して表示を更新すると、完全にレコードが削除されたことを確認できます。

この章の確認

- ☐ 正規化について理解できましたか？
- ☐ リレーションシップを作成できますか？
- ☐ クエリでテーブルを結合できますか？
- ☐ テーブルを結合したクエリでデータを変更すると、関連付けられているフィールドの値も変更されることが理解できましたか？
- ☐ 内部結合、外部結合が理解できましたか？
- ☐ 参照整合性を設定できますか？
- ☐ 参照整合性を設定したときの、多側のテーブルでの外部キーの入力の制限が理解できましたか？
- ☐ 参照整合性を設定したときの、一側のテーブルでの主キーの更新の制限が理解できましたか？
- ☐ 参照整合性を設定したときの、一側のテーブルでの削除の制限が理解できましたか？
- ☐ 連鎖更新と連鎖削除を設定できますか？

復習問題 問題 2-1

洋菓子の売上管理用のデータベースを構築します。データベース「洋菓子受注」を開き、リレーションシップを作成しましょう。

1. [Access2019応用] フォルダーの [復習問題] フォルダーのデータベース「洋菓子受注」を開き、同じデータベース名で [Access2019応用] フォルダーの [保存用] フォルダーの中に作成して、コンテンツを有効にしましょう。

2. 次のようにテーブル間の共通のフィールドでリレーションシップを作成し、それぞれのテーブルを関連付けて保存しましょう。

テーブル名	フィールド名
顧客マスターと洋菓子受注	顧客ID
洋菓子受注と洋菓子受注明細	受注ID
洋菓子受注明細と商品マスター	商品コード

3. リレーションシップウィンドウを閉じましょう。

4. 次の表と完成例を参考に、受注した商品の詳細を一覧表示するクエリを作成し、実行して結果を確認したら、すべてのフィールドの列幅を自動調整し、[Q受注登録] という名前で保存しましょう。

フィールド名	テーブル名
受注ID	洋菓子受注明細
受注日	洋菓子受注
顧客ID	洋菓子受注
顧客名	顧客マスター
商品コード	洋菓子受注明細
商品名	商品マスター
単価	商品マスター
数量	洋菓子受注明細

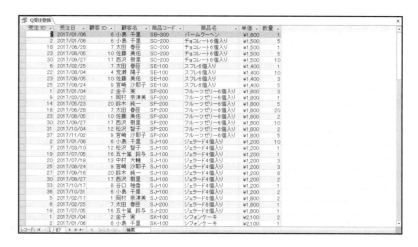

5. クエリのデータシートで、先頭レコードの［顧客ID］フィールドの値「6」を「1」に変更し、関連付けられている［顧客マスター］テーブルの［顧客名］フィールドの値が自動的に「小島　千里」から「岡村　奈津美」に変更されることを確認しましょう。

6. 変更したレコードを保存しましょう。

7. ［Q受注登録］クエリに次のような演算フィールドを作成し、実行して結果を確認したら上書き保存して閉じましょう。

フィールド名	演算式	書式
金額	単価×数量で計算	通貨

第 2 章　リレーションシップの作成

問題 2-2

[保存用] フォルダーのデータベース「洋菓子受注」に作成したリレーションシップに参照整合性、連鎖更新、連鎖削除を設定しましょう。

1. 作成したすべてのリレーションシップに参照整合性を設定しましょう。

2. [洋菓子受注明細] テーブルを開き、先頭のレコードの [商品コード] フィールドの値「SY-200」を「SZ-300」に書き換え、メッセージが表示されて変更できないことを確認し、元の値に戻してテーブルを閉じましょう。

3. [商品マスター] テーブルを開き、6件目のレコードの [商品コード] フィールドの値「SF-200」を「SF-150」に書き換え、メッセージが表示されて変更できないことを確認し、元の値に戻しましょう。

4. [商品マスター] テーブルの6件目のレコードを削除し、メッセージが表示されて削除できないことを確認してテーブルを閉じましょう。

5. [商品マスター] テーブルと [洋菓子受注明細] テーブルに連鎖更新と連鎖削除の設定をしましょう。

6. [商品マスター] テーブルを開き、[商品コード] フィールド（主キー）の値を「SF-200」から「SF-150」に変更しましょう。

7. [洋菓子受注明細] テーブルを開き、[商品コード] フィールド（外部キー）の値が「SF-150」に変更されていることを確認しましょう。

8. [商品マスター] テーブルに切り替えて、[商品コード] フィールド（主キー）の値が「SF-150」のレコードを削除しましょう。

9. [洋菓子受注明細] テーブルに切り替えて、**F5**キーを押して表示を更新し、[商品コード] フィールド（外部キー）の値が「SF-150」のレコードも削除されることを確認しましょう。

10. [商品マスター] テーブルと [洋菓子受注明細] テーブルを閉じましょう。

クエリ

- クエリを利用したデータの集計
- クエリを利用した不一致／重複するデータの抽出
- アクションクエリ

クエリを利用したデータの集計

複数のテーブルを利用したクエリでは、データを抽出すること以外にも、複雑な式を入力することなく、特定のフィールドの集計結果を求めることができます。

クエリを使用したデータの集計には、次のようなものがあります。

■ 集計クエリ

選択クエリで抽出されているレコードを、1つまたは複数のフィールドで重複している内容をグループと見なして集計するクエリを「集計クエリ」といいます。
集計クエリを使用すると、たとえば、商品コードの頭文字の分類ごとに売上平均個数を集計したり、商品コードごとに受注件数をカウントすることができます。
商品コードの頭文字は、Left関数を使用すると必要な文字数を取り出すことができます。

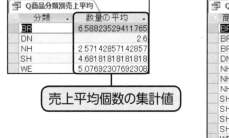

売上平均個数の集計値

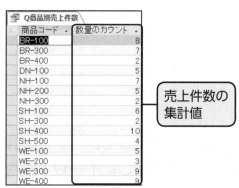

売上件数の集計値

■ クロス集計クエリ

クロス集計は、データの分析手段の1つです。2つのフィールドについて同時にグループごとの集計を行い、結果をデータシートの形式で表示します。
クロス集計クエリを使用すると、次のような商品名と受注日を月単位でまとめたデータをグループ化して、売上金額を集計することができます。

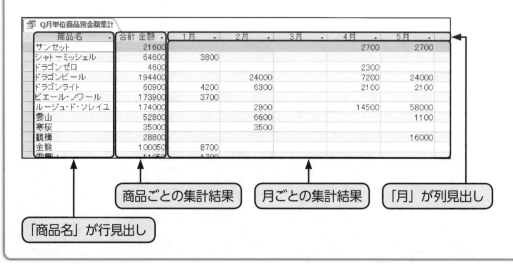

「商品名」が行見出し
商品ごとの集計結果
月ごとの集計結果
「月」が列見出し

集計クエリ

集計クエリは、選択クエリに[集計]行を追加し、集計関数を指定したり、集計関数を使用して式を作成してグループごとの集計ができます。

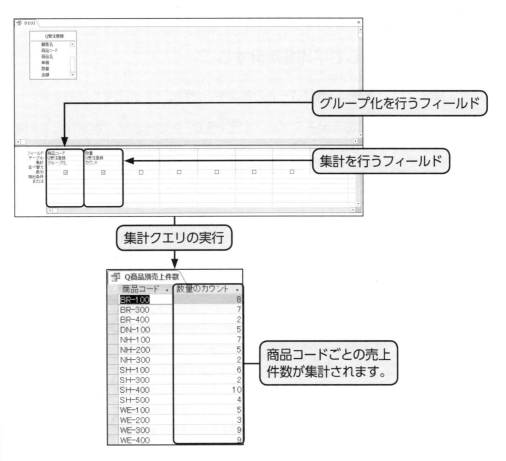

グループ化を行うフィールドでは、[集計]行で[グループ化]を設定します。
集計を行うフィールドでは、そのフィールドに対する集計方法を設定します。集計方法には、次のようなものがあります。

集計行	説明	使用される関数
グループ化	フィールドの値ごとにグループにまとめます。	
合計	フィールドの値を加算します。	Sum
平均	フィールドの値の平均値を計算します。	Avg
最小	フィールド内の最も小さい値を返します。	Min
最大	フィールド内の最も大きい値を返します。	Max
カウント	フィールドの値の数を返します。	Count
標準偏差	フィールドの値の標準偏差（統計などの値のばらつき具合を表す）を計算します。	StDev
分散	フィールドのすべての値の統計的な分散を測定します。	Var
先頭	フィールド内の最初の値を返します。	First
最後	フィールド内の最後の値を返します。	Last

集計行には、その他に次のようなオプションを指定することができます。

オプション	説明
演算	式に集計関数を含む演算フィールドを作成する場合に選択します。
Where条件	抽出条件を設定するフィールドで選択します。[集計] 行に [Where条件] を設定すると、そのフィールドの [表示] 行のチェックボックスは自動的にオフになり、クエリのダイナセットに表示することはできません。

操作☞ 集計クエリを使用して平均を集計する

[Q受注登録] クエリを基に、商品コードの頭文字の分類ごとに売上平均個数を集計しましょう。

Step 1 [保存用] フォルダーにあるデータベース「受注管理」を開きます。本章から学習を開始する場合は、[Access2019応用] フォルダーにあるデータベース「3章_受注管理」を開きます。

Step 2 [作成] タブの [クエリデザイン] ボタンをクリックして、クエリを新規に作成します。

Step 3 [Q受注登録] クエリを追加します。

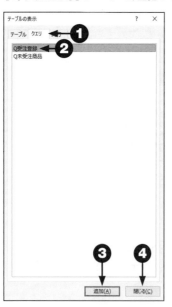

❶ [テーブルの表示] ダイアログボックスの[クエリ] タブをクリックします。

❷ [Q受注登録] が選択されていることを確認します。

❸ [追加] をクリックします。

❹ [閉じる] をクリックします。

Step 4 デザイングリッドにフィールドを追加します。

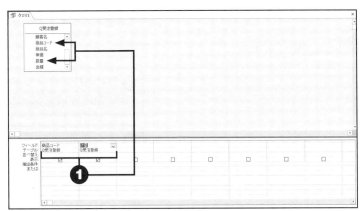

❶ [商品コード]、[数量] の順番にダブルクリックします。

Step 5 [集計] 行を表示します。

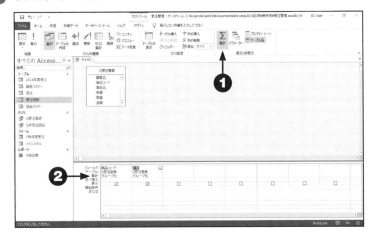

❶ [集計] ボタンをクリックします。

❷ [集計] 行が表示されていることを確認します。

Step 6 各フィールドに集計方法を設定します。

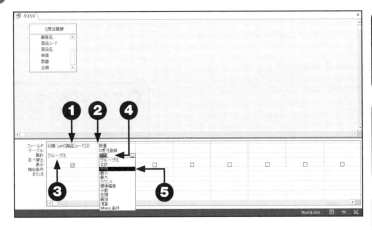

❶ [商品コード] フィールドの [フィールド] 行に「分類:left (商品コード,2)」と入力して、**Enter**キーを押します。

❷ [分類] フィールドの右側の境界線をポイントして、マウスポインターの形が ✚ になったらダブルクリックします。

❸ [分類] フィールドの[集計] 行に[グループ化] と表示されていることを確認します。

❹ [数量] フィールドの[集計] 行をクリックします。

❺ ▼をクリックして、[平均] をクリックします。

第3章 クエリ

Step 7 [デザイン] タブの [実行] ボタンをクリックして、クエリを実行します。

Step 8 [数量の平均] フィールドの列幅を調整します。

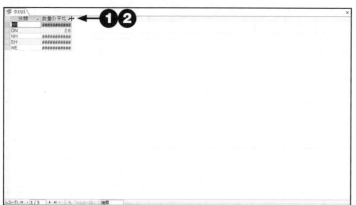

❶ [数量の平均] フィールド名の右側の境界線をポイントします。

❷ マウスポインターの形が ✚ になっていることを確認して、ダブルクリックします。

💡 ヒント
Avg関数
[集計] 行で [平均] を設定すると、Avg関数でフィールド値の平均を集計します。

Step 9 [商品コード] フィールドの頭文字の分類ごとに [数量] フィールドの平均値が集計されていることを確認します。

💡 ヒント
小数点以下の表示桁数の変更
クエリで小数点以下の表示桁数を変更する場合、デザインビューで [数量の平均] のフィールドプロパティを表示し、[書式] ボックスで [標準] を選択して、[小数点以下表示桁数] ボックスで桁数を設定します。

Step 10 クエリに名前を付けて保存します。

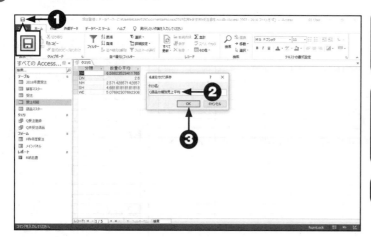

❶ クイックアクセスツールバーの [上書き保存] ボタンをクリックします。

❷ [名前を付けて保存] ダイアログボックスの [クエリ名] ボックスに「Q商品分類別売上平均」と入力します。

❸ [OK] をクリックします。

Step 11 ✕ 'Q商品分類別売上平均' を閉じるボタンをクリックして、[Q商品分類別売上平均] クエリを閉じます。

> **重要** **式の入力**
> 記号や関数名は、半角で入力します。関数名は、小文字で入力しても先頭が大文字に自動修正されます。

> **ヒント** **Left関数**
> 指定した文字列の左端から指定した文字数分の文字列を返します。引数のstringに文字列、引数のlengthに左から取り出す文字数を指定します。
> **Left (*string, length*)**

操作 集計クエリを使用してフィールド値をカウントする

[Q受注登録] クエリを基に、[商品コード] フィールドごとに [数量] フィールドの値をカウントして、商品ごとの受注件数を集計しましょう。

Step 1 [作成] タブの [クエリデザイン] ボタンをクリックして、クエリを新規に作成します。

Step 2 [テーブルの表示] ダイアログボックスで [Q受注登録] クエリを追加して、[テーブルの表示] ダイアログボックスを閉じます。

Step 3 デザイングリッドに [商品コード] フィールド、[数量] フィールドの順番で追加します。

Step 4 [デザイン] タブの Σ [集計] ボタンをクリックして、[集計] 行を表示します。

Step 5 各フィールドに集計方法を設定します。

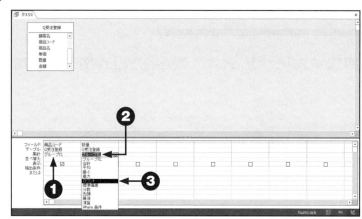

❶ [商品コード] フィールドの [集計] 行に [グループ化] と表示されていることを確認します。

❷ [数量] フィールドの[集計] 行をクリックします。

❸ ▼をクリックして、[カウント] をクリックします。

> **ヒント** **Count関数**
> [集計] 行で [カウント] を設定すると、Count関数でNull値を除く数値データのレコード数をカウントします。

Step 6 [デザイン] タブの [実行] ボタンをクリックして、クエリを実行します。

Step 7 [商品コード] フィールドごとに [数量] フィールドの値がカウントされていることを確認します。

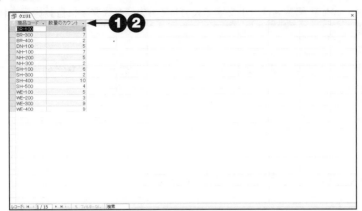

❶ [数量のカウント] フィールド名の右側の境界線をポイントして、マウスポインターの形が ✛ になったらダブルクリックします。

❷ [数量のカウント] フィールドの列幅が自動調整されていることを確認します。

Step 8 クエリに名前を付けて保存します。

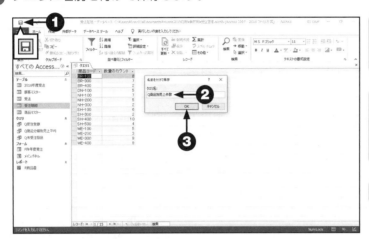

❶ クイックアクセスツールバーの [上書き保存] ボタンをクリックします。

❷ [名前を付けて保存] ダイアログボックスの [クエリ名] ボックスに「Q商品別売上件数」と入力します。

❸ [OK] をクリックします。

Step 9 ✕ 'Q商品別売上件数' を閉じるボタンをクリックして、[Q商品別売上件数] クエリを閉じます。

クロス集計クエリ

クロス集計は、日々発生するデータを出力形式を意識することなく、必要に応じてあらゆる角度から分析して表示することが可能です。
1つの売上データを、売上日、支店、顧客、担当者、商品、数量で管理している場合、これらのフィールドを組み合わせた集計結果を表示させることができます。たとえば、支店別と年度別に表示したり、商品別と担当者別に集計したりすることができます。

[Q受注登録]クエリの商品名と受注日を月単位でまとめたデータをグループ化に使用して、売上金額を集計したクロス集計クエリの結果は、次のようになります。

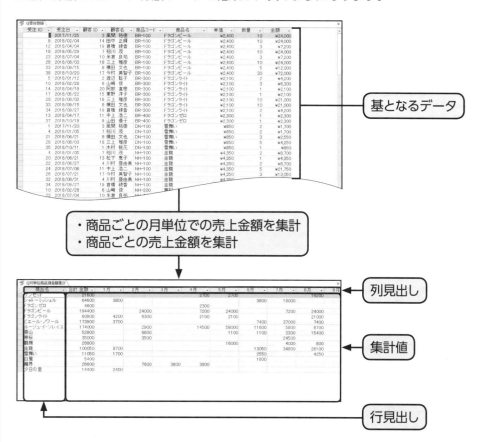

クロス集計クエリは、次の3つの要素で構成されています。

要素	説明
行見出し	グループ化するフィールドを指定します。グループは行方向に表示され、グループの見出しは各行の左端に表示されます。
列見出し	グループ化するフィールドを指定します。グループは列方向に表示され、グループの見出しは各列の上端に表示されます。
集計値	集計を行うフィールドを指定します。「行見出し」と「列見出し」が交わるセルに、設定された集計方法に従って集計値を表示します。クロス集計で行うことのできる集計方法は、[カウント]、[合計]、[平均]、[分散]、[標準偏差]、[最小]、[最大]、[先頭]、[最後]になります。

クロス集計クエリを作成するには、クロス集計クエリウィザードを使用します。
クロス集計クエリウィザードを使用すると、行見出しにするフィールド、列見出しにするフィールド、集計するフィールド、集計の方法(合計、カウント、平均など)を指定するだけで、複雑なクロス集計を簡単に作成することができます。

操作　クロス集計クエリを作成する

[Q受注登録] クエリを基に、各商品の月別の売上金額を集計しましょう。

Step 1 [作成] タブの [クエリウィザード] ボタンをクリックして、[新しいクエリ] ダイアログボックスを開きます。

Step 2 クロス集計クエリウィザードを起動します。

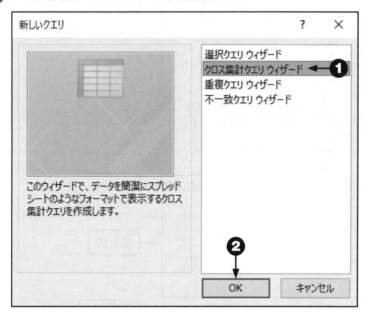

❶ [クロス集計クエリウィザード] をクリックします。

❷ [OK] をクリックします。

Step 3 クロス集計クエリの基になるクエリを指定します。

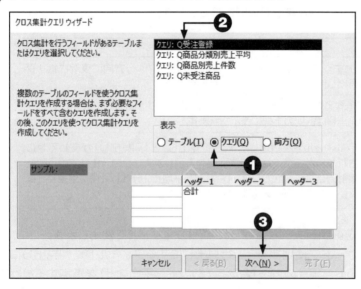

❶ [表示] の [クエリ] をクリックします。

❷ [クエリ:Q受注登録] が選択されていることを確認します。

❸ [次へ] をクリックします。

Step 4 行見出しとして使用するフィールドを指定します。

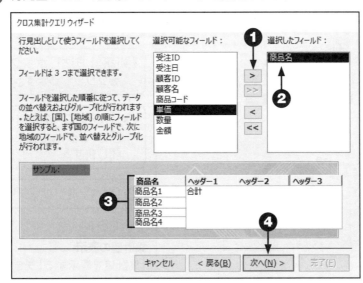

❶ [選択可能なフィールド] ボックスの [商品名] をクリックして、[>] をクリックします。

❷ [選択したフィールド] ボックスに [商品名] が表示されていることを確認します。

❸ [サンプル] の行見出しに [商品名] と表示されていることを確認します。

❹ [次へ] をクリックします。

Step 5 列見出しとして使用するフィールドを指定します。

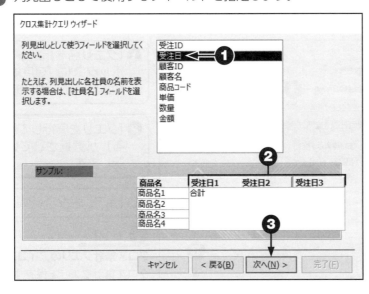

❶ [受注日] をクリックします。

❷ [サンプル] の列見出しに [受注日] と表示されていることを確認します。

❸ [次へ] をクリックします。

Step 6 日付/時刻型フィールドの [受注日] を月別にグループ化します。

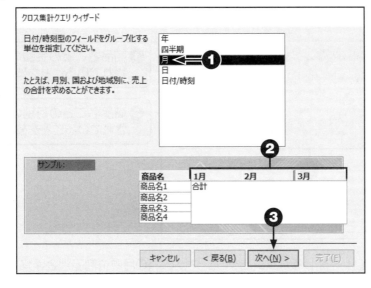

❶ [月] をクリックします。

❷ [サンプル] の列見出しに [月] と表示されていることを確認します。

❸ [次へ] をクリックします。

💡 ヒント
日付/時刻型フィールドのグループ化
クロス集計クエリウィザードで日付/時刻型フィールドを列見出しに指定すると、[年]、[四半期]、[月]、[日]、[日付/時刻] の単位でデータをグループ化することができます。

第 3 章 クエリ 57

Step 7 集計するフィールドと集計方法を指定します。

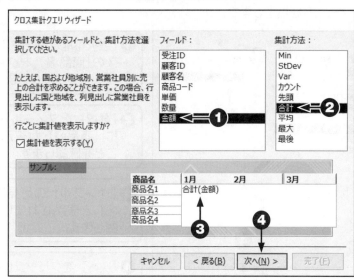

❶ [フィールド] ボックスの[金額]をクリックします。

❷ [集計方法] ボックスの [合計] をクリックします。

❸ [サンプル] の集計値が[合計(金額)] と表示されていることを確認します。

❹ [次へ] をクリックします。

💡 ヒント
集計値の表示
[集計値を表示する] チェックボックスをオンにすると、商品ごとの金額の合計を行見出しとして表示することができます。

Step 8 クエリ名を指定して、クロス集計クエリウィザードを終了します。

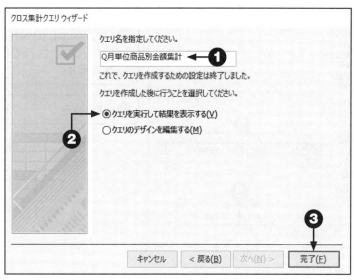

❶ [クエリ名を指定してください。] ボックスに「Q月単位商品別金額集計」と入力します。

❷ [クエリを実行して結果を表示する] が選択されていることを確認します。

❸ [完了] をクリックします。

💡 ヒント
クロス集計クエリのアイコン
クロス集計クエリを保存すると、ナビゲーションウィンドウのクエリ名の前に 🔲 のようなアイコンが表示されます。

Step 9 実行結果が表示されます。

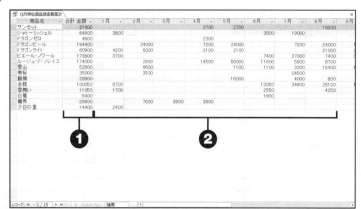

❶ 商品名ごとの金額の合計が表示されていることを確認します。

❷ 商品名ごとの月別の金額が表示されていることを確認します。

Step 10 ✕ 'Q月単位商品別金額集計' を閉じるボタンをクリックして、[Q月単位商品別金額集計] クエリを閉じます。

クエリを利用した不一致／重複するデータの抽出

クエリウィザードを使用して、2つのテーブルを比較して、一方のテーブルから他方のテーブルには存在しないレコードを抽出したり（不一致クエリ）、二重に入力されたデータを調べたり（重複クエリ）することができます。

クエリを使用したデータの抽出には、次のようなものがあります。

■ 不一致クエリ

不一致クエリは、2つのテーブルを比較して、一方のテーブルから他方のテーブルには存在しないレコードを抽出します。たとえば、受注のない商品のデータを調べることができます。

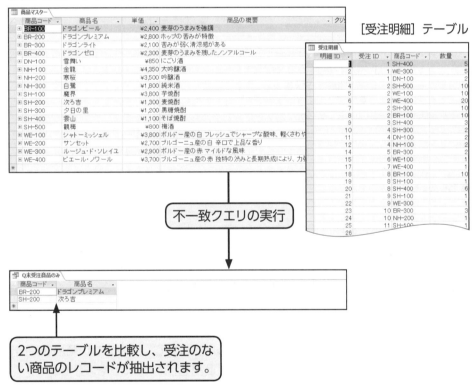

第3章 クエリ

■ 重複クエリ

重複クエリは、テーブルの値が重複するデータを抽出します。たとえば、テーブルに誤って二重に入力されたデータを調べたり、商品の販売先を抽出して購入回数の多い顧客を調べたりすることができます。

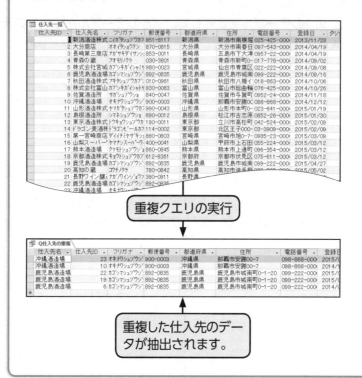

不一致クエリ

不一致クエリは、外部結合の機能を使用したクエリで、[抽出条件] 行に「Is Null」を条件として設定したものと同じです。

操作 不一致クエリを作成する

[商品マスター] テーブルと [受注明細] テーブルを比較して、受注のない商品を抽出しましょう。
クエリの結果には、[商品コード] フィールドと [商品名] フィールドを表示します。

Step 1 [作成] タブの [クエリウィザード] ボタンをクリックして、[新しいクエリ] ダイアログボックスを開きます。

Step 2 不一致クエリウィザードを起動します。

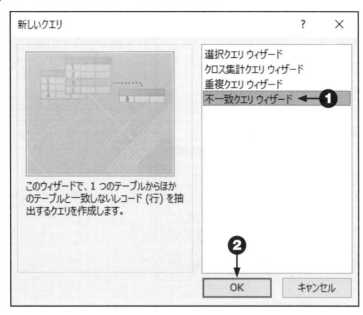

❶ [不一致クエリウィザード] をクリックします。

❷ [OK] をクリックします。

Step 3 不一致レコードを抽出するテーブルを指定します。

❶ [テーブル:商品マスター] をクリックします。

❷ [次へ] をクリックします。

Step 4 比較に使用するテーブルを指定します。

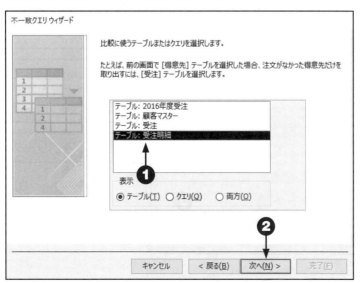

❶ [テーブル:受注明細] をクリックします。

❷ [次へ] をクリックします。

Step 5 比較に使用するデータを含むフィールドを指定します。

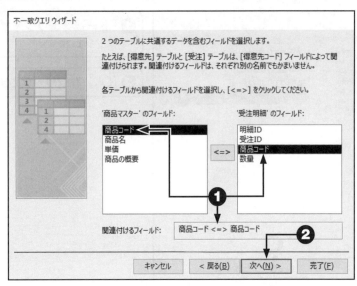

❶ [' 商品マスター' のフィールド] ボックスで [商品コード]、['受注明細' のフィールド] ボックスで [商品コード] が選択されていることを確認します。

❷ [次へ] をクリックします。

Step 6 実行時に表示するフィールドを指定します。

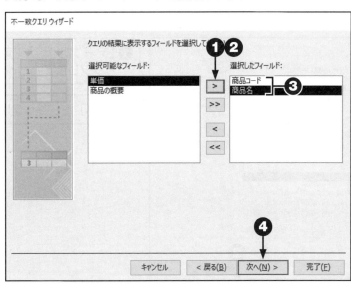

❶ [選択可能なフィールド] ボックスの [商品コード] をクリックして、[>] をクリックします。

❷ [選択可能なフィールド] ボックスの [商品名] をクリックして、[>] をクリックします。

❸ [選択したフィールド] ボックスに [商品コード] と [商品名] が表示されていることを確認します。

❹ [次へ] をクリックします。

Step 7 クエリ名を指定して、不一致クエリウィザードを終了します。

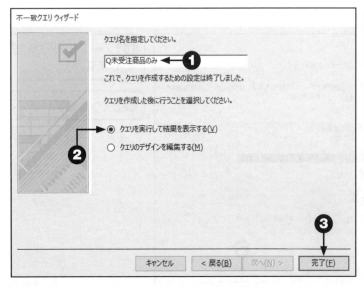

❶ [クエリ名を指定してください。] ボックスに「Q未受注商品のみ」と入力します。

❷ [クエリを実行して結果を表示する] が選択されていることを確認します。

❸ [完了] をクリックします。

Step 8 実行結果が表示されます。

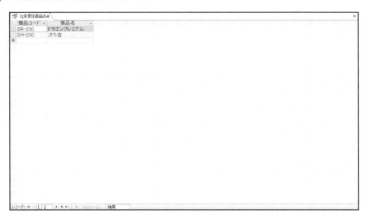

Step 9 [ホーム] タブの [表示] ボタンをクリックして、デザインビューに切り替えます。

Step 10 [Q未受注商品のみ] クエリのデザインビューを確認します。

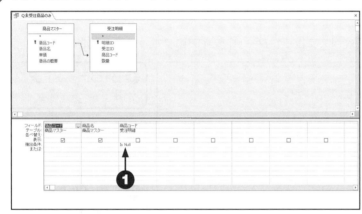

❶ 2つ目の[商品コード]の[抽出条件]行に「Is Null」が条件として設定されていることを確認します。

💡 ヒント
クエリの[表示]行
実行結果に表示させるフィールドはチェックボックスをオンにします。抽出条件を設定するだけで、実行結果に表示しないフィールドなどは、チェックボックスをオフにします。

Step 11 [商品マスター] テーブルと [受注明細] テーブルの結合線をダブルクリックして、[結合プロパティ] ダイアログボックスを開きます。

Step 12 結合の種類を確認します。

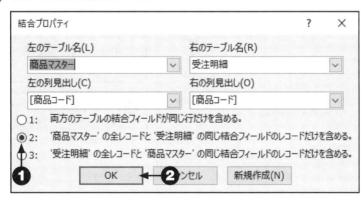

❶ [2: '商品マスター' の全レコードと '受注明細' の同じ結合フィールドのレコードだけを含める。] が選択されていることを確認します。

❷ [OK] をクリックします。

第 3 章 クエリ 63

Step 13 クイックアクセスツールバーの 🔲 [上書き保存] ボタンをクリックして、[Q未受注商品のみ] クエリを上書き保存します。

Step 14 ✕ 'Q未受注商品のみ' を閉じるボタンをクリックして、[Q未受注商品のみ] クエリを閉じます。

重複クエリ

テーブルの値が重複するデータを抽出するには、重複クエリを使用します。

操作 ☞ Excelのデータをインポートする

Excelで作成した仕入先一覧ファイルの [仕入先一覧] シートのデータをインポートして、[仕入先一覧] テーブルを新規作成しましょう。

Step 1 [外部データの取り込みーExcelスプレッドシート] ダイアログボックスを開きます。

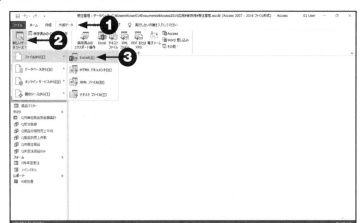

❶ [外部データ] タブをクリックします。

❷ [新しいデータソース] ボタンをクリックします。

❸ [ファイルから] をポイントして、[Excel] をクリックします。

Step 2 データの取得元を指定します。

❶ [外部データの取り込みーExcel スプレッドシート] ダイアログボックスが開いたことを確認します。

❷ [ファイル名] ボックスの右側の [参照] をクリックします。

Step 3 インポートするファイルを指定します。

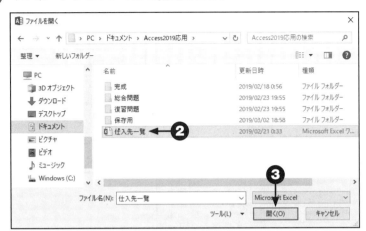

❶ [ファイルを開く] ダイアログボックスの[Access2019応用]をクリックして、[開く] をクリックします。

❷ [仕入先一覧] をクリックします。

❸ [開く] をクリックします。

Step 4 現在のデータベースへの保存方法を確認します。

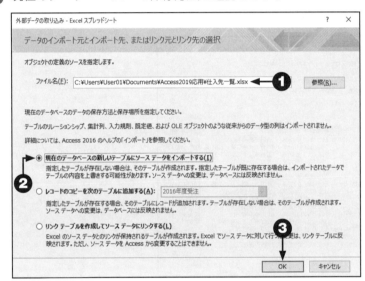

❶ [ファイル名] ボックスに「仕入先一覧.xlsx」のファイル名が表示されていることを確認します。

❷ [現在のデータベースの新しいテーブルにソースデータをインポートする] が選択されていることを確認します。

❸ [OK] をクリックします。

Step 5 スプレッドシートインポートウィザードが起動します。

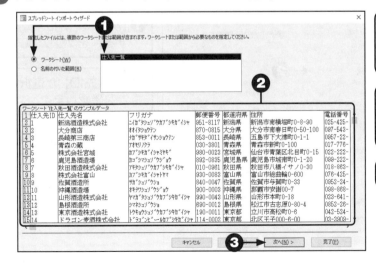

❶ [ワークシート] が選択され、[仕入先一覧] と表示されていることを確認します。

❷ インポート元のExcelのデータが表示されていることを確認します。

❸ [次へ] をクリックします。

Step 6 Excelの先頭行をフィールド見出しとして使用することを指定します。

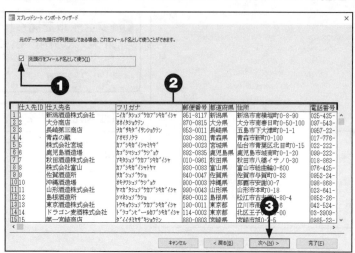

❶ [先頭行をフィールド名として使う] チェックボックスをオンにします。

❷ 1行目の背景色が変わったことを確認します。

❸ [次へ] をクリックします。

Step 7 インポートのオプションの指定は行わずに、[次へ] をクリックします。

Step 8 主キーを設定します。

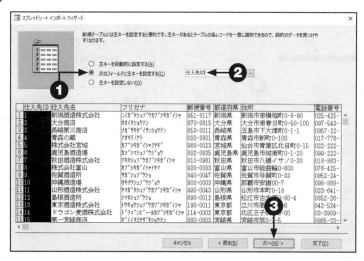

❶ [次のフィールドに主キーを設定する] をクリックします。

❷ [仕入先ID] が選択されていることを確認します。

❸ [次へ] をクリックします。

Step 9 インポート先テーブル名を指定します。

❶ [インポート先のテーブル] ボックスに [仕入先一覧] と表示されていることを確認します。

❷ [完了] をクリックします。

Step 10 インポート操作は保存せずにスプレッドシートインポートウィザードを終了します。

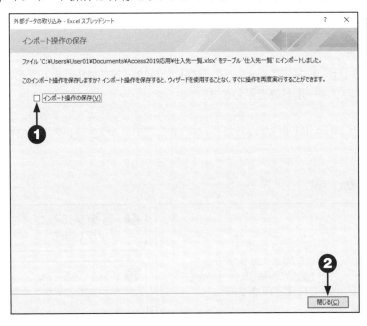

❶ [インポート操作の保存] チェックボックスがオフになっていることを確認します。

❷ [閉じる] をクリックします。

Step 11 作成された [仕入先一覧] テーブルを開きます。

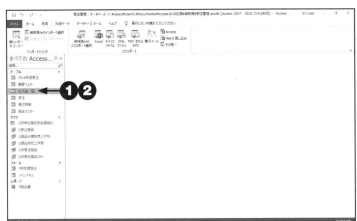

❶ ナビゲーションウィンドウのテーブルの一覧に [仕入先一覧] が追加されていることを確認します。

❷ [仕入先一覧] をダブルクリックします。

Step 12 インポートしたデータを確認します。

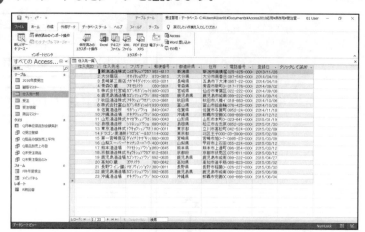

Step 13 × '仕入先一覧' を閉じるボタンをクリックして、[仕入先一覧] テーブルを閉じます。

操作 重複クエリを作成する

[仕入先一覧] テーブルから [仕入先名] フィールドの重複したレコードを抽出しましょう。
クエリの結果には、すべてのフィールドを表示します。

Step 1 [作成] タブの [クエリウィザード] ボタンをクリックして、[新しいクエリ] ダイアログボックスを開きます。

Step 2 重複クエリウィザードを起動します。

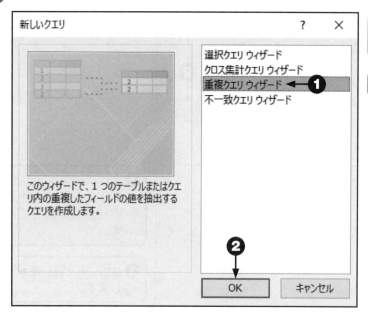

❶ [重複クエリウィザード] をクリックします。

❷ [OK] をクリックします。

68　クエリを利用した不一致／重複するデータの抽出

Step 3 重複レコードを抽出するテーブルを指定します。

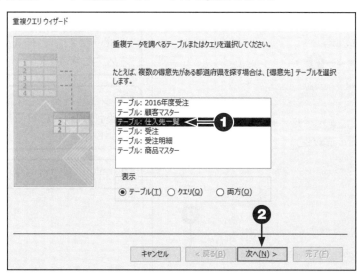

❶ [テーブル:仕入先一覧] をクリックします。

❷ [次へ] をクリックします。

Step 4 重複データを調べるフィールドを指定します。

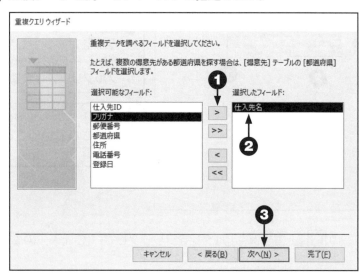

❶ [選択可能なフィールド] ボックスの [仕入先名] をクリックして、[>] をクリックします。

❷ [選択したフィールド] ボックスに [仕入先名] が表示されていることを確認します。

❸ [次へ] をクリックします。

Step 5 実行時に表示するフィールドを指定します。

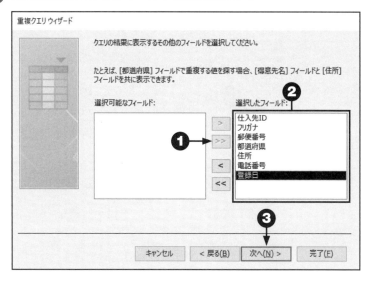

❶ [>>] をクリックします。

❷ [選択したフィールド] ボックスにすべてのフィールドが表示されていることを確認します。

❸ [次へ] をクリックします。

Step 6 クエリ名を指定して、重複クエリウィザードを終了します。

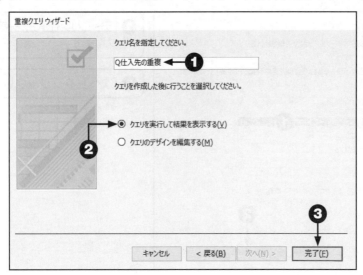

❶ [クエリ名を指定してください。] ボックスに「Q仕入先の重複」と入力します。

❷ [クエリを実行して結果を表示する] が選択されていることを確認します。

❸ [完了] をクリックします。

Step 7 実行結果が表示されます。

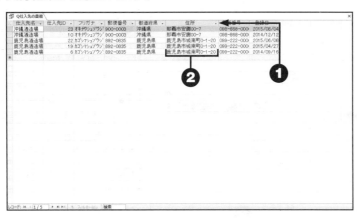

❶ [住所] フィールド名の右側の境界線をポイントして、マウスポインターの形が✤になったらダブルクリックします。

❷ [住所] フィールドの列幅が自動調整されていることを確認します。

Step 8 クイックアクセスツールバーの 🔲 [上書き保存] ボタンをクリックして、[Q仕入先の重複] クエリを上書き保存します。

Step 9 ✕ 'Q仕入先の重複' を閉じるボタンをクリックして、[Q仕入先の重複] クエリを閉じます。

アクションクエリ

ある条件に基づきレコードを一括して更新または削除するなど、レコードに対する一括操作をクエリによって行うことができます。レコードを抽出するための選択クエリに対して、抽出したレコードの一括操作を実行するクエリを「アクションクエリ」といいます。
たとえば、大量のデータを一度に同じ条件で更新したり、特定の条件のデータをまとめて削除したりするなど、メンテナンスで使用されることが多いです。

アクションクエリには、次の4種類があります。アクションクエリを保存すると、ナビゲーションウィンドウのクエリ名の前に、それぞれ次のようなアイコンが表示されます。

クエリ名	説明
更新クエリ	1つまたは複数のフィールドの値を一括して更新します。たとえば、フィールドの値を10%引きにした値に更新することができます。
テーブル作成クエリ	テーブルまたはクエリから条件を満たすレコードをコピーして、新規にテーブルを作成します。テーブルの作成先としてカレントデータベース（現在使用中のデータベース）、または他のデータベースを選択できます。
削除クエリ	条件を満たすレコードをテーブルからまとめて削除します。
追加クエリ	テーブルまたはクエリから条件を満たすレコードをコピーして、別のテーブルに追加します。レコードの追加先としてカレントデータベース（現在使用中のデータベース）、または他のデータベースのテーブルを選択できます。

■ **アクションクエリを実行する際の注意事項**

アクションクエリは、一度に大量のデータを操作します。実行後に元に戻せないため、まず選択クエリを利用して指定する抽出条件や式をテストした後、アクションクエリに切り替えるようにします。
本書でも選択クエリで条件などを確認後、アクションクエリに切り替えて操作します。

更新クエリ

更新クエリを使用すると、テーブルにある一連のレコードをまとめて変更することができます。

更新クエリは、あるテーブルのフィールドの値を、特定の条件に合わせて一括で変更したりする場合に使用します。
たとえば、[商品マスター]テーブルの[商品コード]フィールドから「SH」で始まる商品の[単価]フィールドの値を10%引きの値に更新することができます。

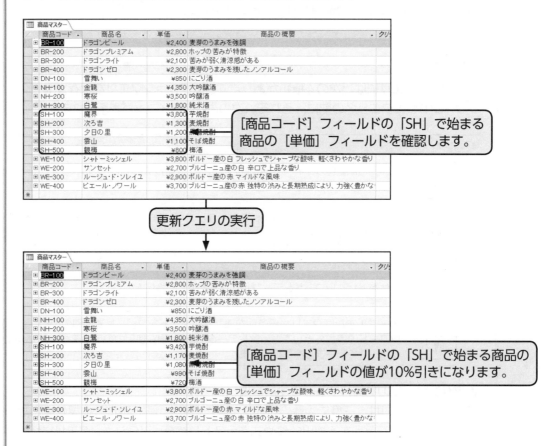

■ 更新クエリを実行する際の注意事項

更新クエリは、実行するたびにテーブルのデータが更新されるので注意が必要です。たとえば、単価を10%引きにする更新クエリを誤って2度実行してしまうと、単価は10%引きから、さらに10%引きに更新されてしまいます。
更新ミスを防ぐには、更新日などのフィールドを作成して、指定した更新日より古いレコードの単価だけを更新できるようにするなどの条件を設定する必要があります。

操作 選択クエリで式を確認する

選択クエリで [商品マスター] テーブルの商品コードが「SH」で始まる商品の単価を10%引きにする演算フィールドを作成して、式の結果を確認しましょう。

Step 1 ナビゲーションウィンドウのテーブルの一覧から [商品マスター] をダブルクリックして、[商品マスター] テーブルをデータシートビューで開きます。

Step 2 商品コードが「SH-100」から「SH-500」の [単価] フィールドの値を確認します。

❶ 上から順番に、「¥3,800」、「¥1,300」、「¥1,200」、「¥1,100」、「¥800」と表示されていることを確認します。

Step 3 [作成] タブの [クエリデザイン] ボタンをクリックして、クエリを新規に作成します。

Step 4 [テーブルの表示] ダイアログボックスで [商品マスター] テーブルを追加して、[テーブルの表示] ダイアログボックスを閉じます。

Step 5 デザイングリッドに [商品コード] フィールド、[単価] フィールドの順番で追加します。

Step 6 [商品コード] フィールドに条件を設定します。

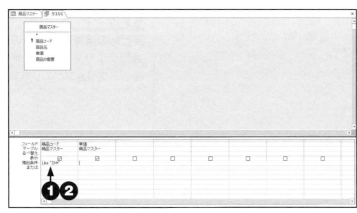

❶ [抽出条件] 行に「SH*」と入力して、Enterキーを押します。

❷ [Like "SH*"] と表示されていることを確認します。

第3章 クエリ

Step 7 単価を10%引き下げる演算フィールドを作成します。

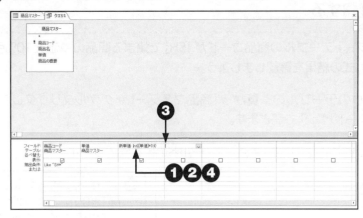

❶ [単価] フィールドの右側の [フィールド] 行をクリックします。

❷「新単価:int(単価*0.9)」と入力して、**Enter**キーを押します。

❸ [新単価] フィールドの右側の境界線をポイントして、マウスポインターの形が ✛ になったらダブルクリックします。

❹ [新単価:Int([単価]*0.9)] と表示されていることを確認します。

💡 **ヒント**
Int関数
Int関数は、小数点以下を切り捨てその数値を超えない最大の整数を求める関数です。

Step 8 [デザイン] タブの [実行] ボタンをクリックして、クエリを実行します。

Step 9 演算フィールドの計算結果が表示されていることを確認します。

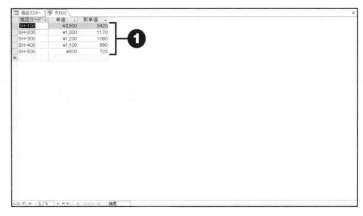

❶ [新単価] フィールドの値が [単価] フィールドの10%引きになっていることを確認します。

💡 **ヒント**
実行前の演算フィールドの更新結果の確認
選択クエリで式に問題がないことを確認後、アクションクエリを実行します。

操作 更新クエリを使用してデータを更新する

更新クエリを作成して、商品コードが「SH」で始まる商品の単価を10%引きにしましょう。

Step 1 [ホーム] タブの [表示] ボタンをクリックして、デザインビューに切り替えます。

Step 2 更新クエリに変更します。

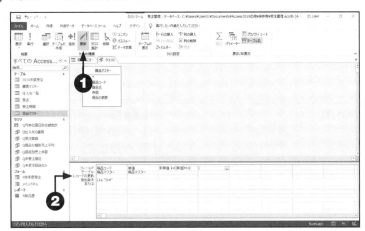

❶ [更新] ボタンをクリックします。

❷ デザイングリッドに [レコードの更新] 行が表示されていることを確認します。

Step 3 更新のための数式を設定します。

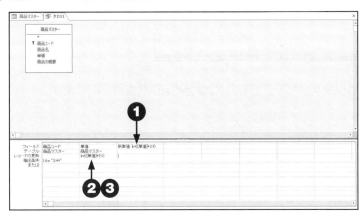

❶ 演算フィールドのフィールド名を除いた式「Int([単価]*0.9)」をドラッグして範囲選択し、**Ctrl**+**C**キーを押します。

❷ [単価] フィールドの[レコードの更新] 行をクリックして、**Ctrl**+**V**キーを押します。

❸ **Enter**キーを押します。

Step 4 演算フィールドを削除します。

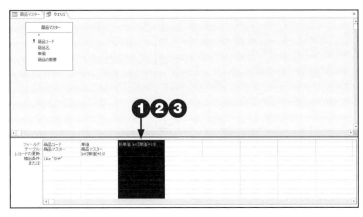

❶ [新単価] フィールドのフィールドセレクターをマウスでポイントします。

❷ マウスポインターの形が ↓ になっていることを確認して、クリックします。

❸ **Delete**キーを押します。

💡 **ヒント**
フィールドの削除
フィールドを削除するには、そのフィールドのフィールドセレクターをクリックして、**Delete**キーを押すか、[デザイン] タブの [列の削除] [列の削除] ボタンをクリックします。

第3章 クエリ 75

Step 5 [デザイン] タブの [実行] ボタンをクリックして、更新クエリを実行します。

Step 6 5件のレコードが更新されるというメッセージを確認して、[はい] をクリックします。

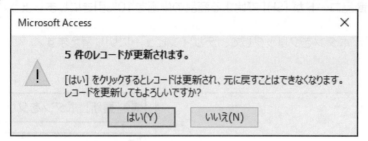

Step 7 更新クエリに名前を付けて保存します。

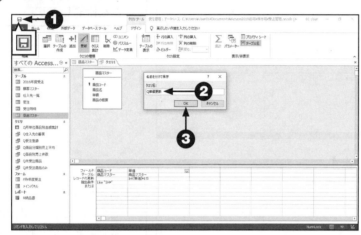

❶ クイックアクセスツールバーの [上書き保存] ボタンをクリックします。

❷ [名前を付けて保存] ダイアログボックスの [クエリ名] ボックスに「Q単価更新」と入力します。

❸ [OK] をクリックします。

Step 8 'Q単価更新' を閉じるボタンをクリックして、[Q単価更新] クエリを閉じます。

Step 9 [商品マスター] テーブルが開いていることを確認します。

Step 10 商品コードが「SH」で始まる商品の単価が10％引きになっていることを確認します。

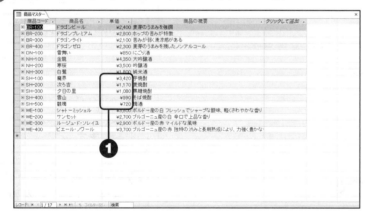

❶ 上から順番に、「¥3,420」、「¥1,170」、「¥1,080」、「¥990」、「¥720」と表示されていることを確認します。

Step 11 '商品マスター' を閉じるボタンをクリックして、[商品マスター] テーブルを閉じます。

テーブル作成クエリ

テーブル作成クエリを使用すると、テーブルまたはクエリにあるすべてまたは一部のレコードをコピーして、テーブルを新規に作成することができます。

テーブル作成クエリは、テーブルまたはクエリから条件に合ったレコードを抽出して、新規にテーブルを作成する場合に使用します。
テーブル作成クエリは、実行するとすぐに新規にテーブルが作成され、元に戻すことはできません。テーブル作成クエリを実行する前に、選択クエリで条件が正しいかを確認するようにしましょう。
たとえば、[受注] テーブルと [受注明細] テーブルを基にしたクエリのダイナセットから [受注日] フィールドが2017年のレコードを抽出して [2017年度受注] という新規のテーブルを作成して保存することができます。

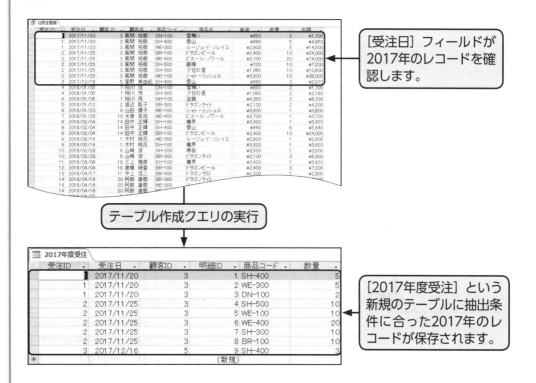

■ テーブル作成クエリを再度実行する際の注意事項

テーブル作成クエリは、実行するたびに新規にテーブルを作成するので注意が必要です。たとえば、一度、新規に作成したテーブルを変更し、再度、同じテーブル作成クエリを実行すると、上書きしてしまいます。
また、テーブル作成クエリは、新規テーブルにレコードをコピーするだけなので、元のテーブルから新規テーブルにコピーされたレコードは削除されません。これらのレコードの一括削除を行う場合、同じ条件を設定した削除クエリを実行します。

操作 選択クエリで条件を確認する

選択クエリで[受注]テーブルと[受注明細]テーブルから、受注日が2017年のレコードを抽出して、結果を確認しましょう。

Step 1 [作成]タブの [クエリデザイン]ボタンをクリックして、クエリを新規に作成します。

Step 2 [テーブルの表示]ダイアログボックスで[受注]テーブルと[受注明細]テーブルを追加して、[テーブルの表示]ダイアログボックスを閉じます。

Step 3 デザイングリッドに次の順番でフィールドを追加します。

フィールド名	テーブル名
受注ID	受注明細
受注日	受注
顧客ID	受注
明細ID	受注明細
商品コード	受注明細
数量	受注明細

Step 4 抽出条件を設定します。

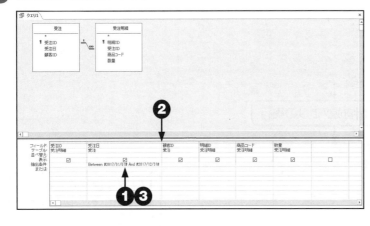

❶ [受注日]フィールドの[抽出条件]行に半角で「between 2017/1/1 and 2017/12/31」と入力して、**Enter**キーを押します。

❷ [受注日]フィールドの右側の境界線をポイントして、マウスポインターの形が ✢ になったらダブルクリックします。

❸ [Between #2017/01/01# And #2017/12/31#]と表示されていることを確認します。

💡 ヒント
条件式の日付
確定後の日付の前後には半角のシャープ(#)が表示されますが、「#」は省略して入力することができます。

Step 5 [デザイン]タブの [実行]ボタンをクリックして、クエリを実行します。

Step 6 [受注日]フィールドの値が2017年のレコードのみ抽出されていることを確認します。

❶ レコードの件数が9件になっていることを確認します。

操作 ☞ テーブル作成クエリを使用してテーブルを作成する

テーブル作成クエリを作成して、2017年度の受注を管理するテーブルを新規に作成しましょう。

Step 1 [ホーム]タブの [表示]ボタンをクリックして、デザインビューに切り替えます。

Step 2 テーブル作成クエリに変更します。

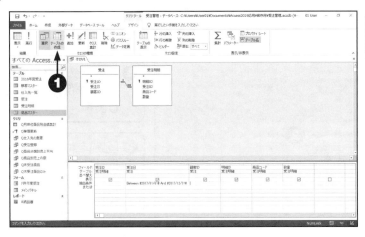

❶ [テーブルの作成]ボタンをクリックします。

第3章 クエリ 79

Step 3 作成するテーブルの名前を指定します。

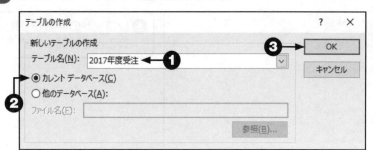

❶ [テーブルの作成] ダイアログボックスの [テーブル名] ボックスに「2017年度受注」と入力します。

❷ [カレントデータベース] が選択されていることを確認します。

❸ [OK] をクリックします。

Step 4 [デザイン] タブの [実行] ボタンをクリックして、テーブル作成クエリを実行します。

Step 5 9件のレコードがコピーされるというメッセージを確認して、[はい] をクリックします。

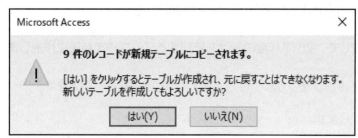

Step 6 テーブル作成クエリに名前を付けて保存します。

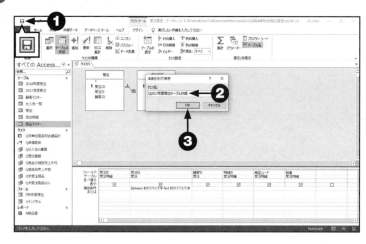

❶ クイックアクセスツールバーの [上書き保存] ボタンをクリックします。

❷ [名前を付けて保存] ダイアログボックスの[クエリ名] ボックスに「Q2017年度受注テーブル作成」と入力します。

❸ [OK] をクリックします。

Step 7 'Q2017年度受注テーブル作成' を閉じるボタンをクリックして、[Q2017年度受注テーブル作成] クエリを閉じます。

Step 8 ナビゲーションウィンドウで新規に作成されたテーブルを確認します。

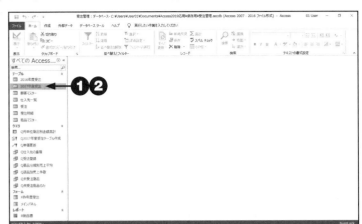

❶ ナビゲーションウィンドウのテーブルの一覧に[2017年度受注]が追加されていることを確認します。

❷ [2017年度受注]テーブルをダブルクリックします。

Step 9 [受注日]フィールドの値が2017年のレコードのみテーブルに保存されていることを確認します。

❶ 2017年のレコードだけが表示されていることを確認します。

Step 10 ｜×｜ '2017年度受注' を閉じるボタンをクリックして、[2017年度受注]テーブルを閉じます。

削除クエリ

削除クエリを使用すると、ある条件に基づいた一連のレコードを一括して削除することができます。

削除クエリは、条件を満たすレコードをテーブルからまとめて削除する場合に使用します。
たとえば、[受注] テーブルの [受注日] フィールドが2017年のレコードを一括して削除することができます。

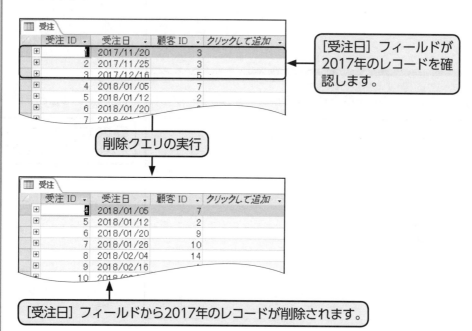

■ 参照整合性を設定したテーブルでの削除クエリの実行

参照整合性を設定していると、一側テーブルを基にした削除クエリを実行することはできません。削除するためには、連鎖削除の設定をして、一側テーブルと多側テーブルの両方のレコードを削除する必要があります。

たとえば、[受注] テーブルを基に2017年のレコードを削除クエリを使用して削除する場合、連鎖削除を設定していないと、多側のテーブルである [受注明細] テーブルが [受注] テーブルを参照しているため、削除クエリを実行してもレコードは削除されません。

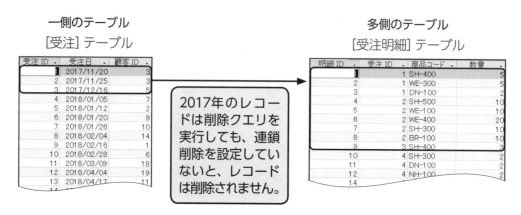

連鎖削除の設定をして、[受注] テーブルを基にレコードを削除すると、連鎖削除により [受注明細] テーブルからも同じ受注IDと結び付いているレコードが削除されます。

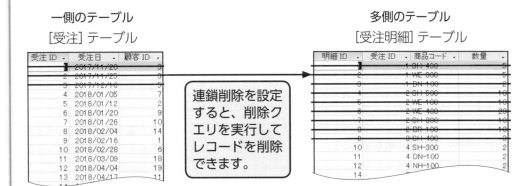

■ **削除クエリを再度実行する際の注意事項**

削除クエリは、実行するたびに同じ条件のレコードを削除するので注意が必要です。たとえば、抽出条件にDate関数で今日の日付を設定した場合、実行するたびに、今日の日付のレコードが削除されてしまいます。

操作 選択クエリで条件を確認する

選択クエリで[受注]テーブルの[受注日]フィールドの値が2017年のレコードを抽出して、結果を確認しましょう。

Step 1 ナビゲーションウィンドウのテーブルの一覧から[受注]をダブルクリックして、[受注]テーブルをデータシートビューで開きます。

Step 2 [受注日]フィールドの値が2017年のレコードを確認します。

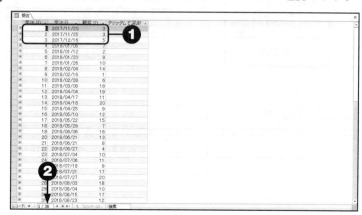

① 2017年のレコードが3件表示されていることを確認します。

② レコードの件数が38件になっていることを確認します。

Step 3 × '受注'を閉じるボタンをクリックして、[受注]テーブルを閉じます。

Step 4 [作成]タブの[クエリデザイン]ボタンをクリックして、クエリを新規に作成します。

Step 5 [テーブルの表示]ダイアログボックスで[受注]テーブルを追加して、[テーブルの表示]ダイアログボックスを閉じます。

Step 6 デザイングリッドに[受注ID]フィールド、[受注日]フィールドの順番で追加します。

Step 7 抽出条件を設定します。

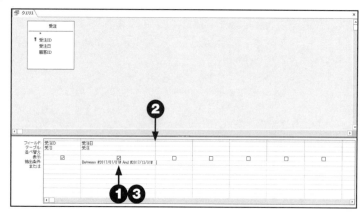

① [受注日]フィールドの[抽出条件]行に半角で「between 2017/1/1 and 2017/12/31」と入力して、**Enter**キーを押します。

② [受注日]フィールドの右側の境界線をポイントして、マウスポインターの形が ✣ になったらダブルクリックします。

③ [Between #2017/01/01# And #2017/12/31#]と表示されていることを確認します。

アクションクエリ

Step 8 [デザイン] タブの [実行] ボタンをクリックして、クエリを実行します。

Step 9 [受注日] フィールドの値が2017年のレコードのみ抽出されていることを確認します。

❶ [受注ID] フィールドが [1] ～ [3] になっていることを確認します。

❷ レコードの件数が3件になっていることを確認します。

操作☞ 削除クエリを使用してレコードを削除する

削除クエリを実行して、連鎖削除が設定されていない場合に表示されるエラーメッセージを確認しましょう。

Step 1 [ホーム] タブの [表示] ボタンをクリックして、デザインビューに切り替えます。

Step 2 削除クエリに変更します。

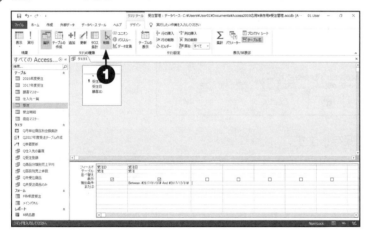

❶ [削除] ボタンをクリックします。

Step 3 削除クエリに変更されたことを確認します。

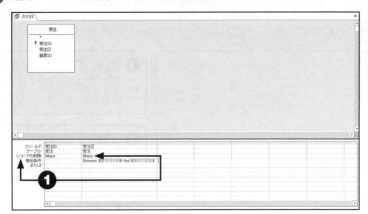

❶ デザイングリッドに[レコードの削除]行が表示され、[Where]と表示されていることを確認します。

Step 4 [デザイン] タブの [実行] ボタンをクリックして、クエリを実行します。

Step 5 3件のレコードを削除するというメッセージを確認して、[はい] をクリックします。

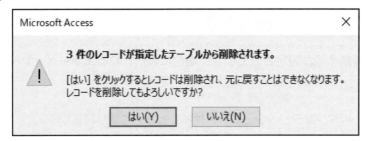

Step 6 削除クエリでレコードを削除できないというメッセージを確認して、[いいえ] をクリックします。

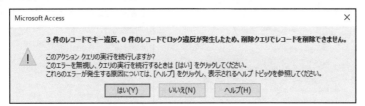

Step 7 削除クエリに名前を付けて保存します。

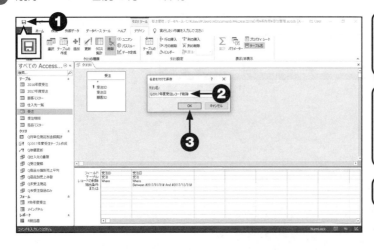

❶ クイックアクセスツールバーの[上書き保存] ボタンをクリックします。

❷ [名前を付けて保存] ダイアログボックスの[クエリ名] ボックスに「Q2017年度受注レコード削除」と入力します。

❸ [OK] をクリックします。

操作 連鎖削除を設定して削除クエリを実行する

[受注] テーブルと [受注明細] テーブルに連鎖削除を設定して、[Q2017年度受注レコード削除] クエリを実行しましょう。

Step 1 [データベースツール] タブの [リレーションシップ] ボタンをクリックして、リレーションシップウィンドウを開きます。

Step 2 [リレーションシップ] ダイアログボックスを開きます。

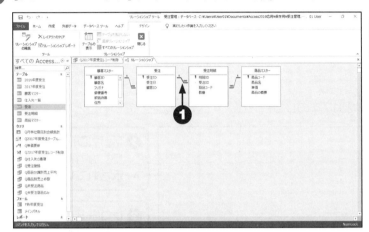

❶ [受注] テーブルと [受注明細] テーブルの結合線をダブルクリックします。

Step 3 連鎖削除を設定します。

❶ [レコードの連鎖削除] チェックボックスをオンにします。

❷ [OK] をクリックします。

Step 4 ✕ 'リレーションシップ' を閉じるボタンをクリックして、リレーションシップウィンドウを閉じます。

Step 5 [Q2017年度受注レコード削除] クエリがデザインビューで開いていることを確認します。

Step 6 [デザイン] タブの [実行] ボタンをクリックして、削除クエリを実行します。

Step 7 3件のレコードを削除するというメッセージを確認して、[はい] をクリックします。

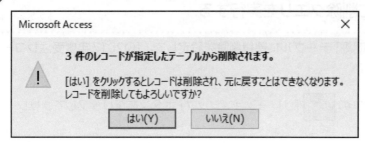

Step 8 ✕ 'Q2017年度受注レコード削除' を閉じるボタンをクリックして、[Q2017年度受注レコード削除] クエリを閉じます。

Step 9 ナビゲーションウィンドウのテーブルの一覧から [受注] をダブルクリックして、[受注] テーブルをデータシートビューで開きます。

Step 10 [受注日] フィールドの値が2017年のレコードが、すべて削除されていることを確認します。

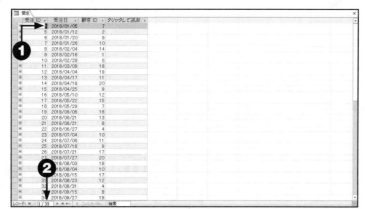

❶ [受注ID] フィールドの [1] 〜 [3] が削除され、[4] 以降が表示されていることを確認します。

❷ レコードの件数が35件になっていることを確認します。

Step 11 ✕ '受注' を閉じるボタンをクリックして、[受注] テーブルを閉じます。

Step 12 ナビゲーションウィンドウのテーブルの一覧から [受注明細] をダブルクリックして、[受注明細] テーブルをデータシートビューで開きます。

Step 13 [受注ID] フィールドの [1] 〜 [3] のレコードがすべて削除され、[4] 以降が表示されていることを確認します。

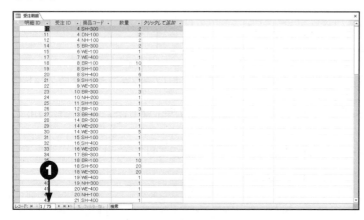

❶ レコードの件数が75件になっていることを確認します。

Step 14 × '受注明細' を閉じるボタンをクリックして、[受注明細] テーブルを閉じます。

追加クエリ

追加クエリを使用すると、テーブルのすべてまたは一部のレコードをコピーし、別のテーブルに追加することができます。

追加クエリは、テーブルまたはクエリから条件を満たすレコードをコピーして、別のテーブルに追加する場合に使用します。レコードの追加先としてカレントデータベース（現在使用中のデータベース）、または他のデータベースのテーブルを選択できます。
たとえば、[受注] テーブルと [受注明細] テーブルを基にしたクエリのダイナセットから [受注日] フィールドが「2018/1/1から2018/3/31」までのレコードを抽出して、[2017年度受注] テーブルに追加することができます。

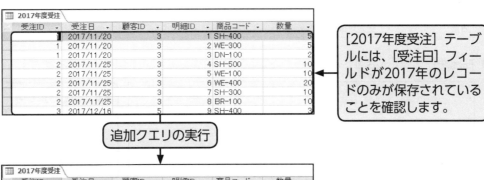

■ 追加クエリを再度実行する際の注意事項
追加クエリも、他のクエリ同様に、実行するたびに同じ条件のレコードを、その都度追加するので注意が必要です。

操作 選択クエリで条件を確認する

選択クエリで[受注]テーブルと[受注明細]テーブルの2018年1月から3月までのレコードを抽出して、結果を確認しましょう。

Step 1 [作成]タブの[クエリデザイン]ボタンをクリックして、クエリを新規に作成します。

Step 2 [テーブルの表示]ダイアログボックスで[受注]テーブルと[受注明細]テーブルを追加して、[テーブルの表示]ダイアログボックスを閉じます。

Step 3 デザイングリッドに次の順番でフィールドを追加します。

フィールド名	テーブル名
受注ID	受注明細
受注日	受注
顧客ID	受注
明細ID	受注明細
商品コード	受注明細
数量	受注明細

Step 4 抽出条件を設定します。

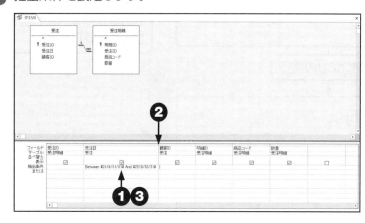

❶ [受注日]フィールドの[抽出条件]行に半角で「between 2018/1/1 and 2018/3/31」と入力して、**Enter**キーを押します。

❷ [受注日]フィールドの右側の境界線をポイントして、マウスポインターの形が✛になったらダブルクリックします。

❸ [Between #2018/01/01# And #2018/03/31#]と表示されていることを確認します。

💡 ヒント
条件式の日付
確定後の日付の前後には半角のシャープ(#)が表示されますが、「#」は省略して入力することができます。

Step 5 [デザイン]タブの[実行]ボタンをクリックして、クエリを実行します。

Step 6 [受注日] フィールドの値が2018年の3月までのレコードのみ抽出されていることを確認します。

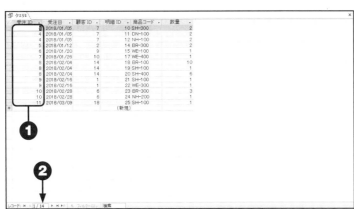

❶ [受注ID] フィールドが [4] 〜 [11] になっていることを確認します。

❷ レコードの件数が14件になっていることを確認します。

操作 追加クエリを使用してレコードを追加する

追加クエリを作成して、[受注日] フィールドの値が2018年1月から3月までのレコードを [2017年度受注] テーブルに追加しましょう。

Step 1 [ホーム] タブの [表示] ボタンをクリックして、デザインビューに切り替えます。

Step 2 追加クエリに変更します。

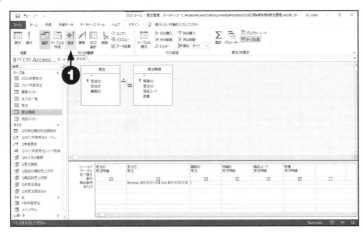

❶ [追加] ボタンをクリックします。

第3章 クエリ

Step 3 追加先のテーブルの名前を指定します。

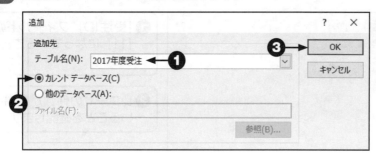

❶ [追加] ダイアログボックスの [テーブル名] ボックスの▼をクリックして、[2017年度受注] をクリックします。

❷ [カレントデータベース] が選択されていることを確認します。

❸ [OK] をクリックします。

Step 4 [デザイン] タブの [実行] ボタンをクリックして、追加クエリを実行します。

Step 5 14件のレコードが追加されるというメッセージを確認して、[はい] をクリックします。

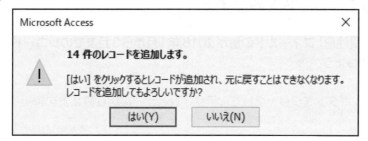

Step 6 追加クエリに名前を付けて保存します。

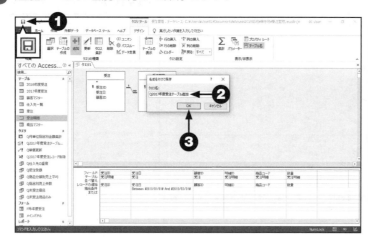

❶ クイックアクセスツールバーの [上書き保存] ボタンをクリックします。

❷ [名前を付けて保存] ダイアログボックスの[クエリ名] ボックスに「Q2017年度受注テーブル追加」と入力します。

❸ [OK] をクリックします。

Step 7 'Q2017年度受注テーブル追加' を閉じるボタンをクリックして、[Q2017年度受注テーブル追加] クエリを閉じます。

Step 8 ナビゲーションウィンドウのテーブルの一覧から [2017年度受注] をダブルクリックして、[2017年度受注] テーブルをデータシートビューで開きます。

Step 9 [受注日] フィールドが2018年1月から3月までのレコードがテーブルに追加されていることを確認します。

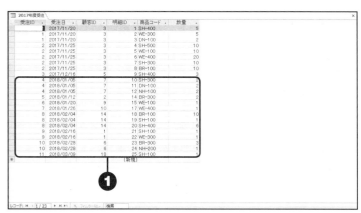

❶ [受注ID] フィールドの[4]～[11] のレコードが追加されていることを確認します。

Step 10 ✕ '2017年度受注' を閉じるボタンをクリックして、[2017年度受注] テーブルを閉じます。

Step 11 ✕ 閉じるボタンをクリックして、データベース「受注管理」を閉じてAccessを終了します。

📶 この章の確認

☐ データの平均を算出する集計クエリを作成できますか？

☐ データの数をカウントする集計クエリを作成できますか？

☐ クロス集計クエリとはどのようなものか理解できましたか？

☐ クロス集計クエリを作成できますか？

☐ 不一致クエリとはどのようなものか理解できましたか？

☐ 不一致クエリを作成できますか？

☐ 重複クエリとはどのようなものか理解できましたか？

☐ 重複クエリを作成できますか？

☐ アクションクエリとはどのようなものか理解できましたか？

☐ 更新クエリを作成できますか？

☐ テーブル作成クエリを作成できますか？

☐ 削除クエリを実行するために、リレーションシップに設定するものを理解できましたか？

☐ 削除クエリを作成できますか？

☐ 追加クエリを作成できますか？

問題 3-1

［保存用］フォルダーのデータベース「洋菓子受注」に集計クエリ、クロス集計クエリ、不一致クエリ、重複クエリを作成しましょう。

本章から学習を開始した場合は、［復習問題］フォルダーにあるデータベース「復習3_洋菓子受注」を開きます。

1. 次の表を参考に、［洋菓子受注明細］テーブルを基にして［商品コード］フィールドの左から2文字分を使用した分類ごとに売上平均個数を集計する集計クエリを作成しましょう。

フィールド名	［フィールド］行の設定	集計方法
商品コード	フィールド名を［分類］に変更して、Left関数を使用し、商品コードから2文字を取り出す計算式	グループ化
数量		平均

2. クエリを実行し、列幅を自動調整して確認したら、「Q商品分類別売上平均」という名前で保存して閉じましょう。

3. ［洋菓子受注明細］テーブルを基に、［商品コード］フィールドごとに、［数量］フィールドの値の数をカウントした集計クエリを作成しましょう。

4. クエリを実行し、列幅を自動調整して確認したら、「Q商品別売上件数」という名前で保存して閉じましょう。

5. 次の表と完成例を参考に、［Q受注登録］クエリを基にして［商品名］フィールドごとに各商品の月別の売上合計を集計するクロス集計クエリを作成し、「Q月単位商品別金額集計」という名前で保存して閉じましょう。

	フィールド名	集計方法
行見出し	商品名	
列見出し	受注日(月単位)	
集計値	金額	合計

6. ［商品マスター］テーブルと［洋菓子受注明細］テーブルを比較して、受注のない商品を抽出する不一致クエリを作成し、「Q未受注商品」という名前で保存しましょう。
   ・実行結果に表示するフィールド：商品コード、商品名、単価

7. 実行結果を確認して、［Q未受注商品］クエリを閉じましょう。

8. ［顧客マスター］テーブルで［顧客名］フィールドの値が重複しているデータを、重複クエリを作成して抽出し、「Q重複顧客」という名前で保存しましょう。また、実行結果には、［顧客マスター］テーブルのすべてのフィールドを表示しましょう。

9. 実行結果を確認して、［Q重複顧客］クエリを閉じましょう。

 問題 3-2

アクションクエリを作成しましょう。選択クエリを作成し、実行して結果を確認してから、更新クエリ、テーブル作成クエリ、削除クエリ、追加クエリを実行しましょう。

1. 次の表を参考に、［商品マスター］テーブルの商品コードが「SC」で始まる商品を10％引きにするクエリを作成し、実行して結果を確認しましょう。
   ・追加する演算フィールド名は、［新単価］とし、Int関数を使用して［単価×0.9］で計算します。

フィールド名	抽出条件	計算式
商品コード	「SC」で始まる商品	
単価		
新単価		Int関数を使用し、単価×0.9で計算

2. 更新クエリに変更して実行し、「Q単価更新」という名前で保存して閉じましょう。

3. ［商品マスター］テーブルを開いて確認して閉じましょう。

4. 次の表を参考に、2017年1月から3月までに受注があったレコードを抽出するクエリを作成し、実行して確認しましょう。

フィールド名	テーブル名	抽出条件
受注ID	洋菓子受注明細	
受注日	洋菓子受注	2017/1/1から2017/3/31までのデータ
顧客ID	洋菓子受注	
明細ID	洋菓子受注明細	
商品コード	洋菓子受注明細	
数量	洋菓子受注明細	

5. テーブル作成クエリに変更して実行しましょう。作成するテーブルは、「2017年上半期受注」という名前で保存しましょう。

6. テーブル作成クエリを「Q2017年上半期受注テーブル作成」という名前で保存して閉じましょう。

7. 作成した［2017年上半期受注］テーブルのデータを確認して、閉じましょう。

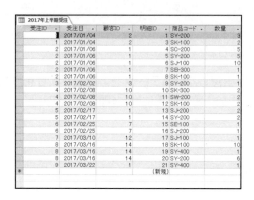

8. ［洋菓子受注］テーブルと［洋菓子受注明細］テーブルのレコードが連鎖削除されるように設定しましょう。

9. ［洋菓子受注］テーブルを基に［受注ID］フィールドと［受注日］フィールドを追加して、2017年1月から3月までのデータを抽出するクエリを作成し、実行して確認しましょう。

10. 削除クエリに変更して実行し、「Q2017年第1四半期受注レコード削除」という名前で保存して閉じましょう。

11. ［洋菓子受注］テーブルを開き、2017年1月から3月までのレコードが削除されていることを確認して閉じましょう。

12. 次の表を参考に、2017年4月から6月までに受注があったレコードを抽出するクエリを作成し、実行して確認しましょう。

フィールド名	テーブル名	抽出条件
受注ID	洋菓子受注明細	
受注日	洋菓子受注	2017/4/1から2017/6/30までのデータ
顧客ID	洋菓子受注	
明細ID	洋菓子受注明細	
商品コード	洋菓子受注明細	
数量	洋菓子受注明細	

13. 追加クエリに変更して実行しましょう。追加するテーブルは［2017年上半期受注］テーブルを指定しましょう。

14. 追加クエリを「Q2017年上半期受注テーブル追加」という名前で保存して閉じましょう。

15. ［2017年上半期受注］テーブルのデータを確認して閉じましょう。

フォーム

■ 複数のテーブルまたはクエリを利用したフォームの作成
■ コンボボックスの活用
■ メイン／サブフォーム
■ 演算コントロールの活用

複数のテーブルまたはクエリを利用したフォームの作成

フォームウィザードを使用すると、フォームに表示するフィールドを指定したり、複数のテーブルまたはクエリからフィールドを選択して、レイアウトのフォームを対話形式で作成できます。

フォームウィザードを使用してフォームを作成する場合、複数のテーブルからフィールドを選択して作成したり、クエリのダイナセットを基に作成することができるので、1つのテーブルに対して1つの入力フォームを作成するだけではなく、1つのフォームを使用して複数のテーブルに値を入力することができます。

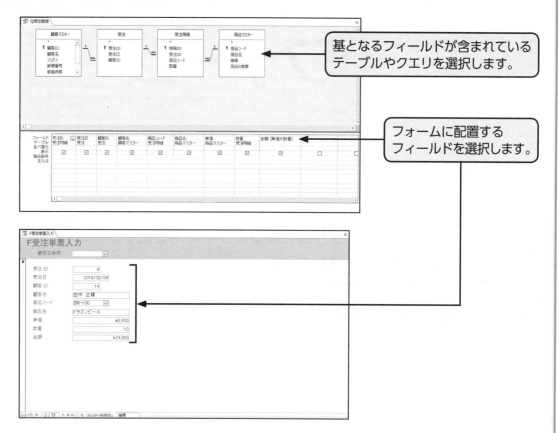

基となるフィールドが含まれているテーブルやクエリを選択します。

フォームに配置するフィールドを選択します。

複数のテーブルを基にしたフォームでは、リレーションシップの設定により、選択したフィールドによってはデータの入力ができない場合があるので、参照整合性やテーブルの構成なども合わせて確認するようにします。

操作 クエリを基にフォームを作成する

[Q受注登録] クエリを基に、フォームウィザードで単票形式のフォームを作成しましょう。
フォームにはすべてのフィールドを追加します。

Step 1 [保存用] フォルダーにあるデータベース「受注管理」を開きます。本章から学習を開始する場合は、[Access2019応用] フォルダーにあるデータベース「4章_受注管理」を開きます。

Step 2 フォームウィザードを起動します。

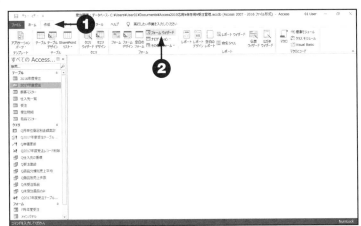

① [作成] タブをクリックします。

② [フォームウィザード] ボタンをクリックします。

Step 3 基になるクエリを指定します。

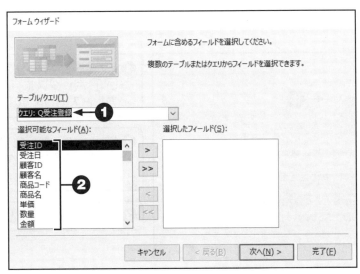

① [テーブル/クエリ] ボックスの▼をクリックして、[クエリ：Q受注登録] をクリックします。

② [選択可能なフィールド] ボックスに [Q受注登録] クエリのフィールドが表示されていることを確認します。

Step 4 フォームに表示するフィールドを指定します。

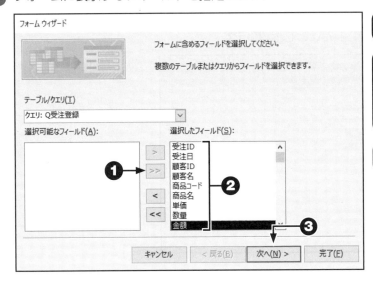

① [>>] をクリックします。

② [選択したフィールド] ボックスに [Q受注登録] クエリのすべてのフィールドが表示されていることを確認します。

③ [次へ] をクリックします。

Step 5 フォームのレイアウトを指定します。

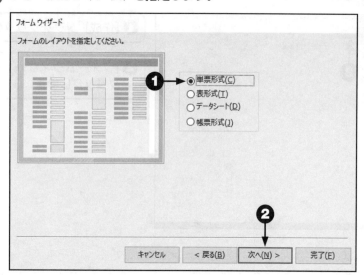

❶ [単票形式] が選択されていることを確認します。

❷ [次へ] をクリックします。

Step 6 フォーム名を指定します。

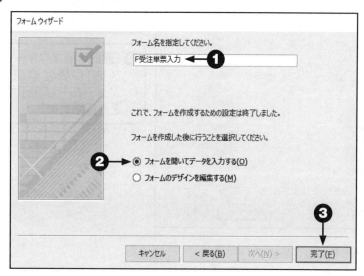

❶ [フォーム名を指定してください。] ボックスに「F受注単票入力」と入力します。

❷ [フォームを開いてデータを入力する] が選択されていることを確認します。

❸ [完了] をクリックします。

Step 7 単票形式のフォームが作成されたことを確認します。

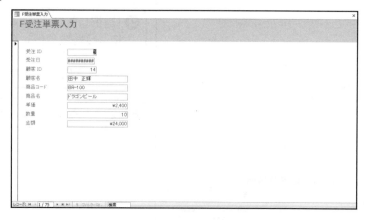

コンボボックスの活用

コンボボックスを使用すると、複数のデータをリストとして一覧表示し、その中から選択することや、データの検索などに利用することができます。

コンボボックスでは、表示されるリストの中から選択するだけでデータを入力することができるので、迅速かつ正確なデータの入力が可能になります。

■ 複数列のリストの表示
コンボボックスのリストには、入力値が選択肢として表示されますが、それ以外にも複数の列を用意して、内容確認などを目的としたデータをリストに表示することができます。
たとえば、次のようなリストボックスをコンボボックスに変更すると、ドロップダウンリストが閉じているときには入力値である1列分の値しか表示されませんが、ドロップダウンリストを開くと複数列を表示することができるため、フォームの領域をそれほど必要としません。

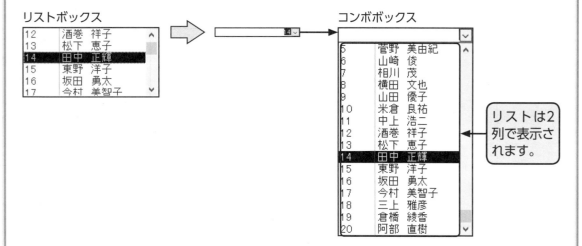

■ フォーム上での検索機能
コントロールウィザードを使用すると、レコード検索用のコンボボックスを簡単に作成できます。検索用のコンボボックスは、リストから選択した値を条件にして、レコードを検索することができます。
たとえば、顧客情報の修正がある場合に、顧客を素早く検索して表示したり、顧客の受注履歴をフィルターと組み合わせて確認したりすることができます。

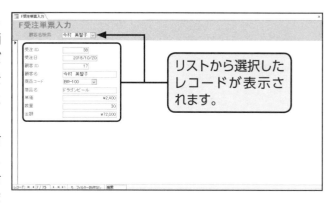

第4章 フォーム

■ コントロールウィザード

コンボボックスなどを作成する場合、[コントロールウィザードの使用] をオンにした状態でコントロールを選択すると、ウィザードが起動し、必要なプロパティを簡単に設定できます。

コントロールウィザードのオン／オフは、[デザイン] タブの [コントロール] グループの ▼ [その他] ボタンをクリックし、[コントロールウィザードの使用] をクリックして切り替えます。

本書では、コンボボックスとオプショングループのコントロールを作成する場合に、コントロールウィザードを使用しています。

初期設定ではオン（選択された状態）になっています。

操作 コンボボックスを作成する

[F受注単票入力] フォームの [商品コード] テキストボックスを削除して、リストから選択できるコンボボックスをウィザードを使用して作成しましょう。

Step 1 フォームのコントロールを確認します。

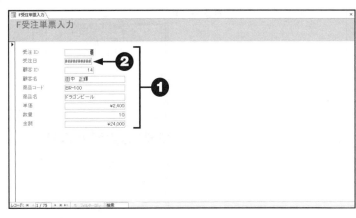

❶ すべての値がテキストボックスに表示されていることを確認します。

❷ [受注日] テキストボックスに [#] が表示されていることを確認します。

Step 2 [ホーム] タブの [表示] ボタンの▼をクリックし、[デザインビュー] をクリックしてデザインビューに切り替えます。

Step 3 [商品コード] テキストボックスを削除します。

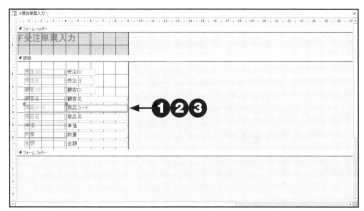

❶ [商品コード] テキストボックスをクリックします。

❷ [商品コード] テキストボックスに太枠線が表示されていることを確認します。

❸ Deleteキーを押します。

💡 ヒント
[フィールドリスト] ウィンドウ
[フィールドリスト] ウィンドウが開いた場合は、⊠閉じるボタンをクリックします。

Step 4 コントロールウィザードが使用できることを確認して、コンボボックスを選択します。

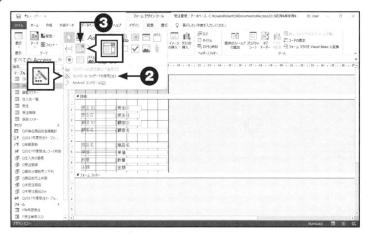

❶ [デザイン] タブの [コントロール] グループの [その他] ボタンをクリックします。

❷ [コントロールウィザードの使用] が選択されていることを確認します。

❸ [コンボボックス] ボタンをクリックします。

Step 5 コンボボックスウィザードを起動します。

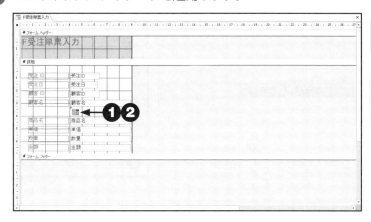

❶ [顧客名] テキストボックスの下をポイントします。

❷ マウスポインターの形が になっていることを確認して、クリックします。

第 4 章 フォーム 103

Step 6 コンボボックスに表示する値の種類を指定します。

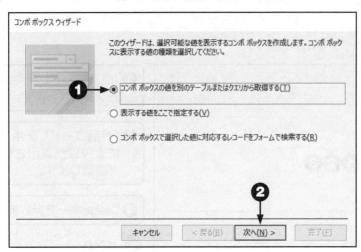

❶ [コンボボックスの値を別のテーブルまたはクエリから取得する] が選択されていることを確認します。

❷ [次へ] をクリックします。

Step 7 コンボボックスに表示するテーブルを指定します。

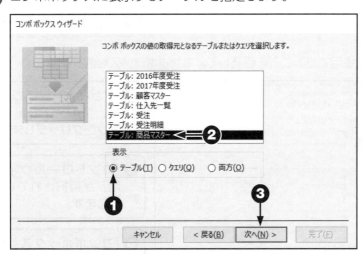

❶ [表示] の [テーブル] が選択されていることを確認します。

❷ [テーブル：商品マスター] をクリックします。

❸ [次へ] をクリックします。

Step 8 コンボボックスに表示するフィールドを指定します。

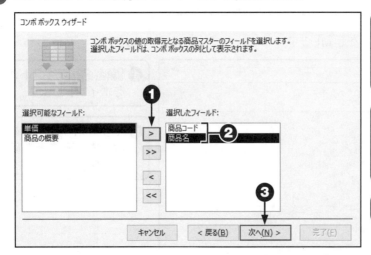

❶ [選択可能なフィールド] ボックスの [商品コード]、[商品名] の順番に [>] をクリックして移動します。

❷ [選択したフィールド] ボックスに [商品コード] と [商品名] が表示されていることを確認します。

❸ [次へ] をクリックします。

Step 9 表示する値の並べ替えの指定を行わずに、[次へ] をクリックします。

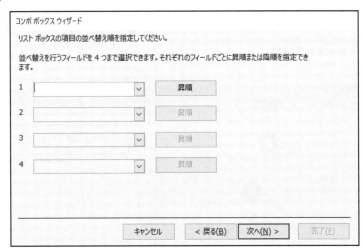

Step 10 コンボボックスに表示する列幅を調整します。

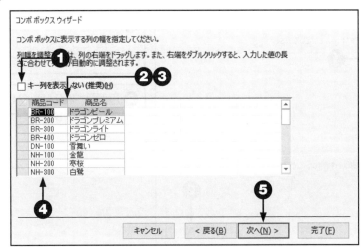

❶ [キー列を表示しない] チェックボックスをオフにします。

❷ [商品コード] のフィールド名の右側の境界線をポイントします。

❸ マウスポインターの形が ✥ になっていることを確認して、ダブルクリックします。

❹ [商品コード] の列幅が自動調整されていることを確認します。

❺ [次へ] をクリックします。

Step 11 コントロールへの値の入力に使用するコンボボックスの列を指定します。

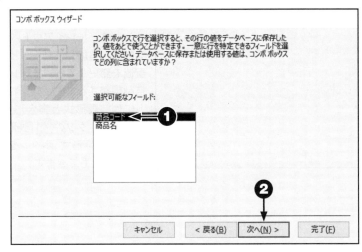

❶ [選択可能なフィールド] ボックスの [商品コード] が選択されていることを確認します。

❷ [次へ] をクリックします。

Step 12 コンボボックスで選択した値を保存するフィールドを指定します。

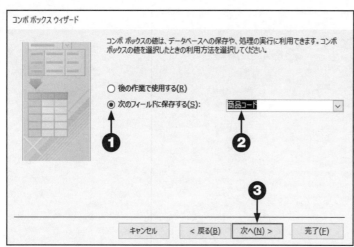

❶ [次のフィールドに保存する] をクリックします。

❷ ボックスの▼をクリックして、[商品コード] をクリックします。

❸ [次へ] をクリックします。

Step 13 コンボボックスのラベルを指定します。

❶ [コンボボックスに付けるラベルを指定してください。] ボックスに「商品コード」と入力します。

❷ [完了] をクリックします。

Step 14 コンボボックスが作成されていることを確認します。

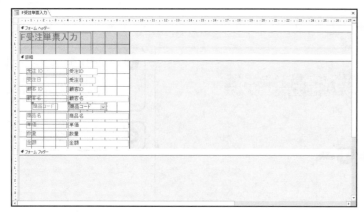

💡 ヒント
コントロールレイアウト
コントロールレイアウトの設定をすると、コントロールレイアウト内のコントロールを削除、追加、移動、コピーなどを行って配置を変更しても、コントロールの位置が自動調整されます。コントロールレイアウトには、表形式と集合形式の2種類があり、[配置] タブの [表形式] ボタンまたは [集合形式] ボタンをクリックして設定することもできます。

操作 コンボボックスに名前を設定してフォームを編集する

作成したコンボボックスに、「商品コード」という名前を付けて、ラベルの位置を変更しましょう。
また、[受注日] テキストボックスのサイズを変更しましょう。

Step 1 プロパティシートを表示します。

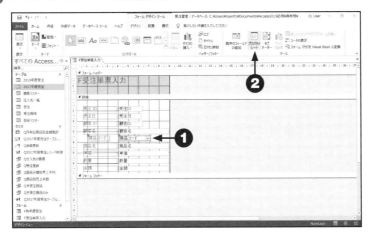

❶ 追加したコンボボックスが選択されていることを確認します。

❷ [プロパティシート] ボタンをクリックします。

Step 2 コンボボックスの名前を設定します。

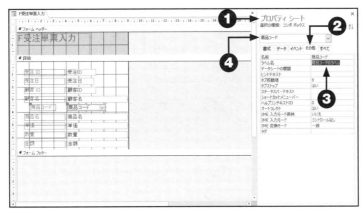

❶ プロパティシートが表示されていることを確認します。

❷ [その他] タブをクリックします。

❸ [名前] ボックスに「商品コード」と入力して、**Enter**キーを押します。

❹ コンボボックスの名前が変更されていることを確認します。

ヒント
プロパティシートの幅

既定のプロパティシートの幅だと、プロパティの選択項目などがすべて表示されないことがあります。このような場合は、プロパティシートの左端の境界線をポイントし、マウスポインターの形が ↔ になっていることを確認して左方向にドラッグして幅を広げます。

Step 3 プロパティシートの ✕ 閉じるボタンをクリックして、プロパティシートを閉じます。

第4章 フォーム 107

Step 4 [商品コード] ラベルのサイズを変更します。

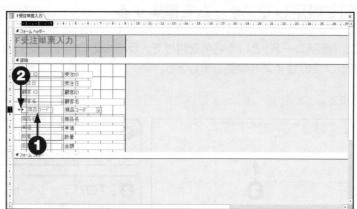

❶ [商品コード] ラベルをクリックします。

❷ 左端中央のハンドルをポイントし、マウスポインターの形が ↔ になっていることを確認して、[顧客名] ラベルの左端と揃えるように左方向にドラッグします。

Step 5 [受注日] テキストボックスのサイズを変更します。

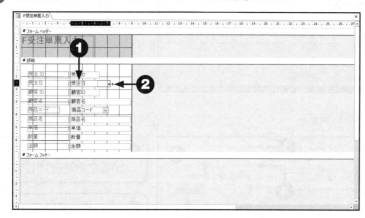

❶ [受注日] テキストボックスをクリックします。

❷ 右端中央のハンドルをポイントし、マウスポインターの形が ↔ になっていることを確認して、[商品コード] コンボボックスの右端と揃えるように右方向にドラッグします。

Step 6 クイックアクセスツールバーの 🔲 [上書き保存] ボタンをクリックして、[F受注単票入力] フォームを上書き保存します。

Step 7 [デザイン] タブの 🔲 [表示] ボタンをクリックして、フォームビューに切り替えます。

Step 8 「商品コード」と「商品名」の一覧が表示されること、「受注日」が表示されていることを確認します。

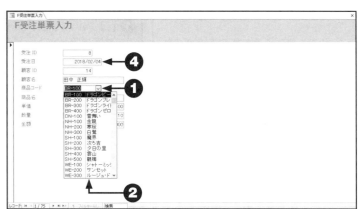

❶ [商品コード] ボックスの▼をクリックします。

❷ ドロップダウンリストが開きます。

❸ **Esc**キーを押して、ドロップダウンリストを閉じます。

❹ [受注日] テキストボックスに [#] ではなく、受注日が表示されていることを確認します。

操作 ☞ 検索用のコンボボックスを作成する

[F受注単票入力] フォームの [フォームヘッダー] セクションに、顧客名を条件に検索するコンボボックスを作成して、動作を確認しましょう。
また、選択フィルターを使用して検索した顧客の受注履歴を確認しましょう。

Step 1 [ホーム] タブの [表示] ボタンの▼をクリックして、[デザインビュー] をクリックしてデザインビューに切り替えます。

Step 2 [デザイン] タブの [コントロール] グループの [その他] ボタンをクリックして、[コントロールウィザードの使用] が選択されていることを確認し、[コンボボックス] ボタンをクリックします。

Step 3 コンボボックスウィザードを起動します。

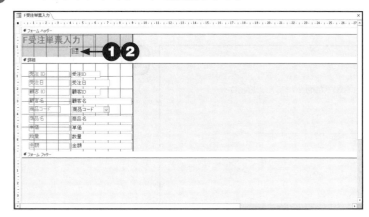

❶ [フォームヘッダー] セクションの水平ルーラーの目盛 [4]、垂直ルーラーの目盛 [1] の位置を目安にポイントします。

❷ マウスポインターの形が ⁺▤ になっていることを確認して、クリックします。

Step 4 コンボボックスに表示する値の種類を指定します。

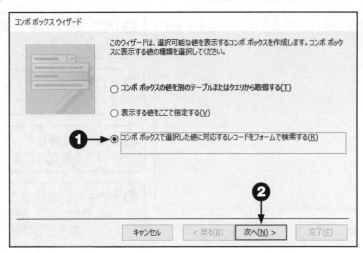

❶ [コンボボックスで選択した値に対応するレコードをフォームで検索する] をクリックします。

❷ [次へ] をクリックします。

Step 5 コンボボックスに表示するフィールドを指定します。

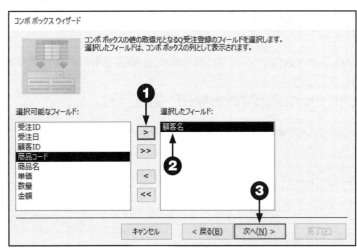

❶ [選択可能なフィールド] ボックスの [顧客名] をクリックして、[>] をクリックします。

❷ [選択したフィールド] ボックスに [顧客名] が表示されていることを確認します。

❸ [次へ] をクリックします。

Step 6 コンボボックスに表示する列幅を確認します。

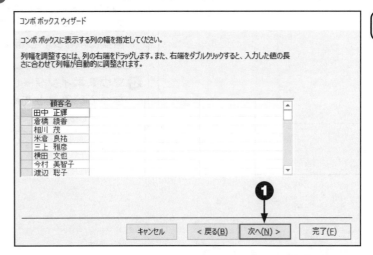

❶ [次へ] をクリックします。

Step 7 コンボボックスのラベルを指定します。

❶ [コンボボックスに付けるラベルを指定してください。] ボックスに「顧客名検索」と入力します。

❷ [完了] をクリックします。

Step 8 クイックアクセスツールバーの [上書き保存] ボタンをクリックして、[F受注単票入力] フォームを上書き保存します。

Step 9 [デザイン] タブの [表示] ボタンをクリックして、フォームビューに切り替えます。

Step 10 フォームに表示されているレコードを確認します。

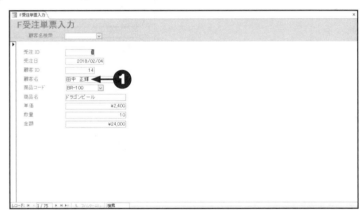

❶ 顧客名が「田中　正輝」のレコードが表示されていることを確認します。

Step 11 選択した顧客名でレコードの検索ができることを確認します。

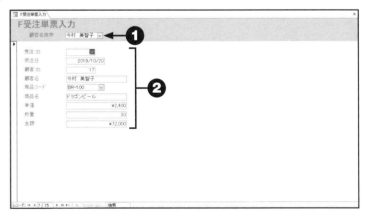

❶ [顧客名検索] ボックスの▼をクリックして、[今村　美智子] をクリックします。

❷ 顧客名が「今村　美智子」のレコードが表示されていることを確認します。

第4章　フォーム　*111*

Step 12 検索した顧客を選択フィルターで確認します。

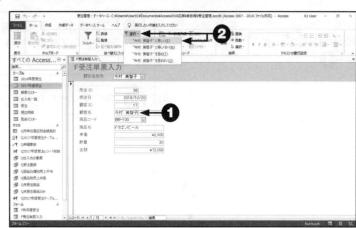

❶ [顧客名] テキストボックスをクリックします。

❷ [並べ替えとフィルター] グループの [選択] ボタンをクリックし、["今村　美智子" に等しい] をクリックします。

Step 13 検索した顧客の受注履歴を確認します。

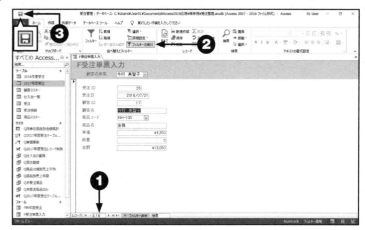

❶ 顧客名が「今村　美智子」のレコードが6件抽出されていることを確認します。

❷ [フィルターの解除] ボタンをクリックします。

❸ クイックアクセスツールバーの [上書き保存] ボタンをクリックします。

💡 **ヒント**
[フィルターの解除] ボタン
フィルターが実行されている場合でも、ボタン名は [フィルターの実行] と表示されています。マウスポインターを [フィルターの実行] ボタンに合わせると、[フィルターの解除] とポップヒントが表示されます。

Step 14 ✕ 'F受注単票入力' を閉じるボタンをクリックして、[F受注単票入力] フォームを閉じます。

メイン／サブフォーム

Accessでは、単票形式のフォームの中に、関連するレコードを明細行の形で表示する「メイン／サブフォーム」が用意されています。単票形式のフォームを「メインフォーム」、その中に表示される明細行のフォームを「サブフォーム」といいます。
メイン／サブフォームは、一対多のリレーションシップが設定されたテーブルを使用して作成し、受注伝票、売上伝票、会計伝票のように、1枚の伝票で複数件の入力をするときによく利用されます。

データベース「受注管理」では、同じ顧客から1回の注文で複数の商品を受注する場合があります。受注業務を効率よく行うために受注を主体にして、顧客情報と受注した商品を確認しながら登録するとデータを管理しやすくなります。

まず、一側のテーブルである [受注] テーブルをメインフォームに、多側のテーブルである [受注明細] テーブルのデータをサブフォームに表示し、メインフォームでは、顧客IDに対応した顧客名や電話番号を、サブフォームでは商品コードに対応した商品名や単価を表示するようにしています。

一側のテーブル　　　　多側のテーブル

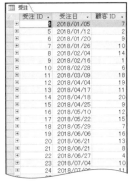
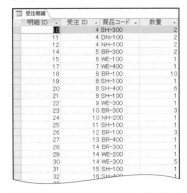

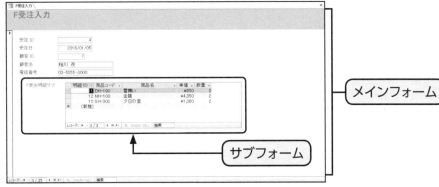

メイン／サブフォームは、独立した2つのフォームで構成されています。そのため、それぞれが1つのオブジェクトとして保存されています。
メインフォームのデザインビューに、サブフォームをコントロールとして埋め込むことで、あたかも1つのフォームのように扱うことができ、2つのフォームのデータを結び付けて作業することが可能になります。

第4章　フォーム　113

メイン/サブフォームの作成

メイン/サブフォームを作成するには、メインフォームに表示するフィールドを持つテーブルと、サブフォームに表示するフィールドを持つテーブルの間に、あらかじめ一対多のリレーションシップが設定されている必要があります。
メイン/サブフォームは、フォームウィザードを使用すると、テーブルを切り替えてフィールドの指定が行えるので、簡単に作成することができます。

操作 基になるテーブルのリレーションシップを確認する

メイン/サブフォームの基となる、[受注] テーブルと [受注明細] テーブルのリレーションシップを確認しましょう。

Step 1 [データベースツール] タブの [リレーションシップ] ボタンをクリックして、リレーションシップウィンドウを開きます。

Step 2 リレーションシップを確認します。

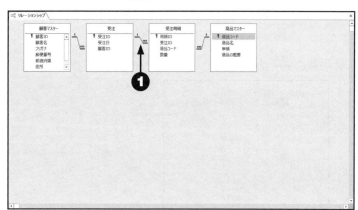

❶ [受注] テーブルと [受注明細] テーブルが、一対多のリレーションシップになっていることを確認します。

Step 3 ✕ 'リレーションシップ' を閉じるボタンをクリックして、リレーションシップウィンドウを閉じます。

操作☞ メイン/サブフォームを作成する

[受注] テーブルと [受注明細] テーブルを基に、メイン/サブフォームを作成します。メインフォームには顧客情報、サブフォームには商品情報を表示するように次のフィールドを設定しましょう。

	テーブル名	選択するフィールド名
メインフォーム (顧客情報)	受注	受注ID、受注日、顧客ID
	顧客マスター	顧客名、電話番号
サブフォーム (商品情報)	受注明細	明細ID、商品コード、数量
	商品マスター	商品名、単価

Step 1 [作成] タブの [フォームウィザード] ボタンをクリックして、フォームウィザードを起動します。

Step 2 メインフォームに必要なフィールドを指定します。

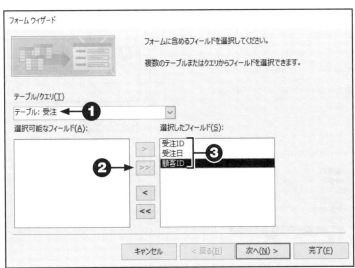

❶ [テーブル/クエリ] ボックスの▼をクリックして、[テーブル：受注] をクリックします。

❷ [>>] をクリックします。

❸ [選択したフィールド] ボックスに [受注] テーブルのすべてのフィールドが表示されていることを確認します。

Step 3 メインフォームに必要な [顧客マスター] テーブルのフィールドを指定します。

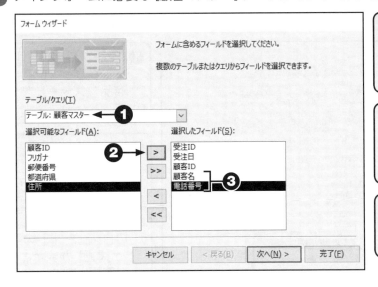

❶ [テーブル/クエリ] ボックスの▼をクリックして、[テーブル：顧客マスター] をクリックします。

❷ [選択可能なフィールド] ボックスの [顧客名]、[電話番号] の順番に [>] をクリックして移動します。

❸ [選択したフィールド] ボックスに [顧客名] と [電話番号] が表示されていることを確認します。

Step 4 サブフォームに必要なフィールドを指定します。

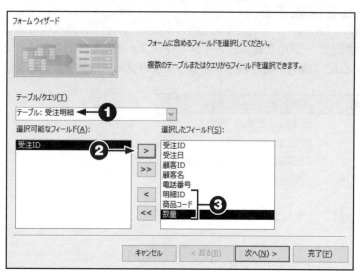

❶ [テーブル/クエリ] ボックスの▼をクリックして、[テーブル：受注明細] をクリックします。

❷ [選択可能なフィールド] ボックスの [明細ID]、[商品コード]、[数量] の順番に [>] をクリックして移動します。

❸ [選択したフィールド] ボックスに [明細ID]、[商品コード]、および [数量] が表示されていることを確認します。

Step 5 フィールドを追加する位置を指定します。

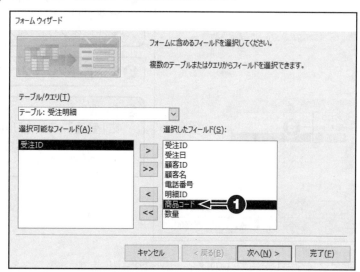

❶ [選択したフィールド] ボックスの [商品コード] をクリックします。

💡 **ヒント**
フィールドの追加位置
[選択可能なフィールド] ボックスから追加したフィールドは、[選択したフィールド] ボックスの選択されているフィールド名の下に表示されます。

Step 6 サブフォームに必要な [商品マスター] テーブルのフィールドを指定します。

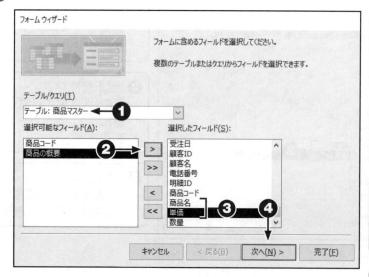

❶ [テーブル/クエリ] ボックスの▼をクリックして、[テーブル：商品マスター] をクリックします。

❷ [選択可能なフィールド] ボックスの [商品名]、[単価] の順番に [>] をクリックして移動します。

❸ [選択したフィールド] ボックスの [商品コード] の下に [商品名] と [単価] が表示されていることを確認します。

❹ [次へ] をクリックします。

Step 7 データの表示方法を指定します。

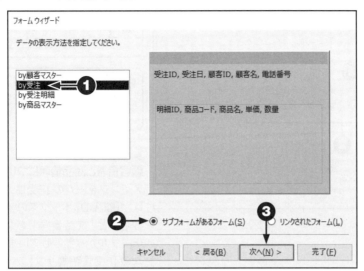

❶ [by受注] が選択されていることを確認します。

❷ [サブフォームがあるフォーム] が選択されていることを確認します。

❸ [次へ] をクリックします。

Step 8 サブフォームのレイアウトを指定します。

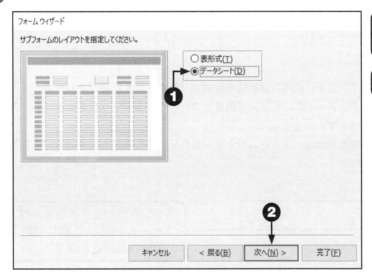

❶ [データシート] が選択されていることを確認します。

❷ [次へ] をクリックします。

Step 9 メインフォーム名とサブフォーム名を指定します。

❶ [フォーム] ボックスに「F受注入力」と入力します。

❷ [サブフォーム] ボックスに「F受注明細サブ」と入力します。

❸ [フォームを開いてデータを入力する] が選択されていることを確認します。

❹ [完了] をクリックします。

第4章 フォーム 117

Step 10 メイン/サブフォームが作成されます。

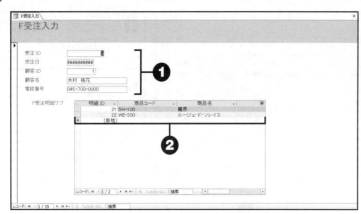

❶ [受注] テーブルのレコードが表示されていることを確認します。

❷ [受注明細] テーブルのレコードが表示されていることを確認します。

💡 **ヒント**
顧客情報と商品情報について
メインフォームの [F受注入力] フォームでは、[顧客ID] ボックスの値に対応する [顧客名] と [電話番号] を [顧客マスター] テーブルから参照しています。サブフォームの [F受注明細サブ] フォームでは、[商品コード] ボックスの値に対応する [商品名] と [単価] を [商品マスター] テーブルから参照しています。

💡 **ヒント** **リンクされたフォーム**

メイン/サブフォームは、メインフォーム内に埋め込む形式とリンクされた形式があります。
リンクされたフォームは、メインフォームにボタンが用意され、ボタンをクリックするとメインフォームと関連したデータのサブフォームが開きます。
リンクされたフォームを作成する場合は、フォームウィザードのデータの表示方法を指定する画面で [リンクされたフォーム] をクリックします。

メインフォーム

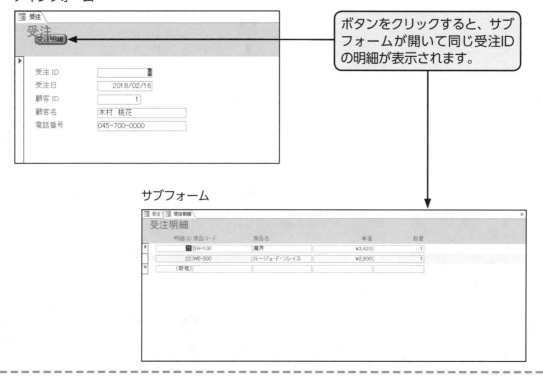

ボタンをクリックすると、サブフォームが開いて同じ受注IDの明細が表示されます。

サブフォーム

💡ヒント　フォームウィザードを使用しないメイン／サブフォームの作成方法

メインフォームとサブフォームを個別に作成し、メインフォームにサブフォームを追加して、リンクの設定をします。作成手順は次のとおりです。

1. [受注] テーブルと [顧客マスター] テーブルを基に単票形式のフォームを作成します。
2. [受注明細] テーブルを基にデータシートのフォームを作成します。このときメインフォームとサブフォームをリンクさせるために、サブフォームにも [受注ID] を追加します。
3. メインフォームをデザインビューで表示します。
4. ナビゲーションウィンドウからサブフォームのオブジェクトを [詳細] セクションにドラッグします。
5. サブフォームのプロパティシートを表示し、データタブをクリックします。
6. [リンク親フィールド] ボックスをクリックし、... [ビルド] ボタンをクリックします。
7. [サブフォームフィールドリンクビルダー] ダイアログボックスの [親フィールド] と [子フィールド] が、それぞれ [受注ID] となっていることを確認し、[OK] をクリックします。

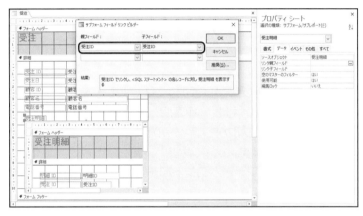

8. プロパティシートの [リンク親フィールド] と [リンク子フィールド] のボックスが、それぞれ [受注ID] となっていることを確認します。

操作👉 メイン／サブフォームを操作する

メイン／サブフォームを操作してメインフォームのレコードを移動すると、それに伴いサブフォームのレコードも関連するレコードに移動することを確認しましょう。

Step 1 メインフォームのレコードを移動します。

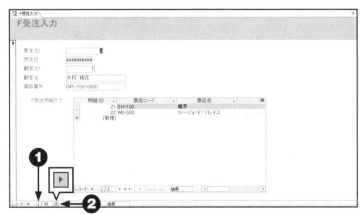

❶ 1件目のレコードが表示されていることを確認します。

❷ [次のレコード] ボタンをクリックします。

Step 2 メインフォームに連動してサブフォームのレコードが移動したことを確認します。

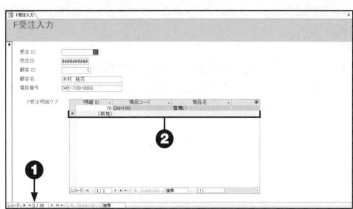

❶ 2件目のレコードが表示されていることを確認します。

❷ サブフォームのレコードが切り替わっていることを確認します。

メイン／サブフォームの編集

メインフォームに表示するフィールドを複数のテーブルから選択すると、リレーションシップが設定されているフィールドの昇順にレコードが表示されます。たとえば、[顧客ID] フィールドでリレーションシップが設定されている [受注] テーブルと [顧客マスター] テーブルからフィールドを選択した場合、メインフォームのレコードは、[顧客ID] フィールドの順番で表示されます。
レコードの並べ替えは「フォームビュー」で、サブフォームコントロール（サブフォーム全体）のサイズの変更などは「レイアウトビュー」で編集することができます。

操作 ☞ メインフォームのレコードを並べ替える

メインフォームのレコードが [受注ID] フィールドの昇順で表示されるように並べ替えを設定しましょう。

Step 1 メインフォームのレコードを1件目に移動します。

❶ 2件目のレコードが表示されていることを確認します。

❷ [先頭レコード] ボタンをクリックします。

Step 2 1件目のレコードに移動したことを確認して、レコードの並べ替えを設定します。

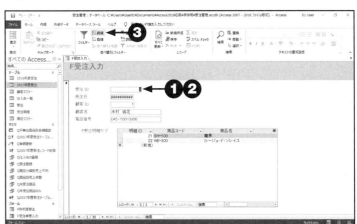

❶ 1件目のレコードの[受注ID]ボックスに[9]と表示されていることを確認します。

❷ [受注ID]ボックスにカーソルが表示されていることを確認します。

❸ [昇順]ボタンをクリックします。

Step 3 レコードが並べ替えられたことを確認します。

❶ 1件目のレコードの[受注ID]ボックスに[4]と表示されていることを確認します。

Step 4 2件目以降のレコードに切り替えて、[受注ID]フィールドの順番に並べ替えられていることを確認します。

Step 5 [先頭レコード]ボタンをクリックして、先頭のレコードを表示します。

Step 6 クイックアクセスツールバーの [上書き保存]ボタンをクリックして、[F受注入力]フォームを上書き保存します。

操作 サブフォームのサイズを変更する

レイアウトビューで[受注日]テキストボックスのサイズとサブフォームの高さを変更しましょう。

Step 1 [ホーム]タブの [表示]ボタンをクリックして、レイアウトビューに切り替えます。

Step 2 [受注日]テキストボックスのサイズを変更します。

❶ [受注日]テキストボックスをクリックします。

❷ 右端の太枠線をポイントし、マウスポインターの形が↔になっていることを確認します。

❸ [受注ID]テキストボックスの右端と揃えるように右方向にドラッグします。

Step 3 同様に、サブフォームをクリックして下辺の太枠線をポイントし、マウスポインターの形が↕になっていることを確認して、高さが半分くらいになるまで上方向にドラッグします。

Step 4 [受注日]テキストボックスとサブフォームのサイズが変更されたことを確認します。

❶ [受注日]テキストボックスに[#]ではなく、受注日が表示されていることを確認します。

❷ サブフォームの高さが変更されていることを確認します。

操作 サブフォームの列幅を変更する

サブフォームの各フィールドの列幅を整えましょう。

Step 1 サブフォームの列幅を調整します。

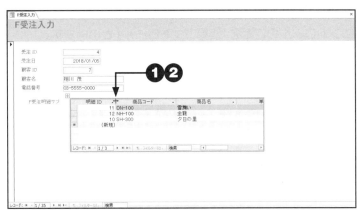

❶ [明細ID] フィールド名の右側の境界線をポイントします。

❷ マウスポインターの形が ✛ になっていることを確認して、ダブルクリックします。

ヒント
任意の列幅への変更
マウスポインターの形が ✛ の状態でドラッグすると、列幅を任意の幅に調整することができます。

Step 2 同様に、[商品コード]、[単価]、[数量] のフィールドの列幅を調整します。

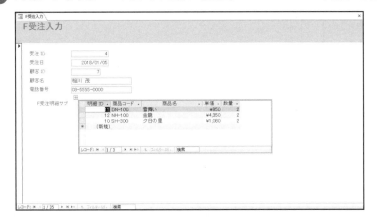

Step 3 クイックアクセスツールバーの [上書き保存] ボタンをクリックして、[F受注入力] フォームを上書き保存します。

Step 4 ✕ 'F受注入力' を閉じるボタンをクリックして、[F受注入力] フォームを閉じます。

演算コントロールの活用

フォームにテキストボックスコントロールを作成し、そのテキストボックスに計算式の結果を表示することができます。このコントロールのことを「演算コントロール」といいます。

演算コントロールは、フォーム上に非連結テキストボックスを作成し、その[コントロールソース]プロパティに計算式を入力して作成します。

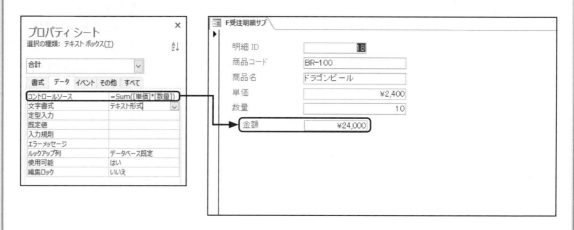

■ 連結コントロールと非連結コントロール

フォーム上に配置できる演算コントロールには、「連結コントロール」と「非連結コントロール」があります。
連結コントロールは、フォームの基になるテーブルまたはクエリのフィールドに連結されているコントロールです。[コントロールソース]プロパティには、連結しているフィールド名が設定されています。テーブルまたはクエリのフィールド名を指定して、フィールドに連結された値の表示、入力および更新を行うために使用します。
非連結コントロールは、フォームの基になるテーブルまたはクエリのフィールドに連結されていないコントロールです。[コントロールソース]プロパティを持たないラベルやコマンドボタンなどのコントロールも含まれます。

演算コントロールの作成

演算コントロールは、結果を表示するコントロールの[コントロールソース]プロパティを使用します。計算式を作成する場合は、先頭に半角の等号(=)を入力します。また、クエリの演算フィールドのように、関数を使用して式を作成することもできます。

操作☞ [詳細]セクションに演算コントロールを作成する

[F受注明細サブ]フォームの[数量]テキストボックスの下に、金額を計算する演算コントロールを作成して、通貨記号を表示するように書式を設定しましょう。

Step 1 ナビゲーションウィンドウのフォームの一覧から[F受注明細サブ]を右クリックし、ショートカットメニューの[デザインビュー]をクリックして、[F受注明細サブ]フォームをデザインビューで開きます。

Step 2 [詳細]セクションのサイズを変更します。

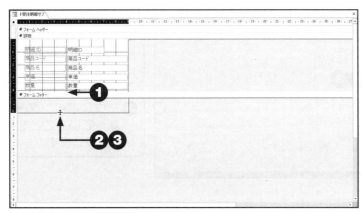

❶ [フォームフッター]セクションの上の境界線をポイントします。

❷ マウスポインターの形が ✥ になっていることを確認します。

❸ 垂直ルーラーの目盛[5.5]を目安に下方向にドラッグします。

💡 ヒント
データシート形式

フォームをデータシート形式で作成した場合、デザインビューでは単票形式のレイアウトになります。

💡 ヒント
デザインビューでのサイズの変更

サブフォームのレイアウトがデータシート形式の場合、デザインビューで各フィールドのコントロールのサイズを変更しても、データシートビューには反映されません。

Step 3 コントロールウィザードを使用しないように設定します。

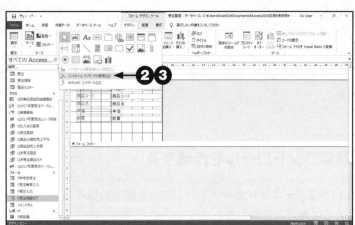

❶ [デザイン] タブの [コントロール] グループの [その他] ボタンをクリックします。

❷ [コントロールウィザードの使用] が選択されていることを確認します。

❸ [コントロールウィザードの使用] をクリックして、選択されていない状態にします。

Step 4 金額を表示する非連結テキストボックスを追加します。

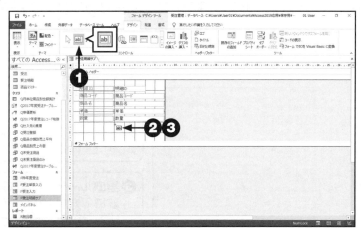

❶ [テキストボックス] ボタンをクリックします。

❷ [詳細] セクションの [数量] テキストボックスの下の位置をポイントします。

❸ マウスポインターの形が $^+_{\text{ab}}$ になっていることを確認して、クリックします。

Step 5 非連結テキストボックスが追加されたことを確認して、プロパティシートを表示します。

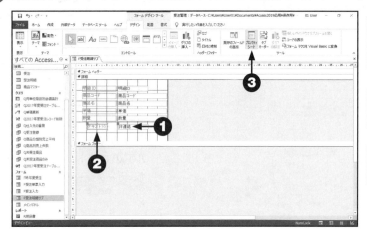

❶ テキストボックスに [非連結] と表示されていることを確認します。

❷ 追加したコントロールのラベルをクリックします。

❸ [プロパティシート] ボタンをクリックします。

Step 6 ラベルの標題を設定します。

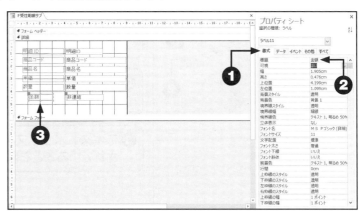

❶ プロパティシートの［書式］タブをクリックします。

❷ [標題]ボックスに「金額」と入力して、Enterキーを押します。

❸ ラベルに[金額]と表示されていることを確認します。

💡 ヒント
[標題]プロパティ
ラベルに表示される文字列を「標題」といいます。[標題]プロパティを使用して、表示される文字列を変更することができます。

Step 7 テキストボックスに「単価×数量」という計算式を設定します。

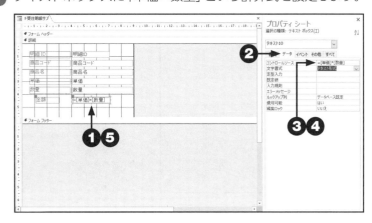

❶ 追加したテキストボックスをクリックします。

❷ プロパティシートの［データ］タブをクリックします。

❸ [コントロールソース]ボックスに「＝単価*数量」と入力して、Enterキーを押します。

❹ [=[単価]*[数量]]と表示されていることを確認します。

❺ テキストボックスに[=[単価]*[数量]]と表示されていることを確認します。

Step 8 テキストボックスの書式を設定します。

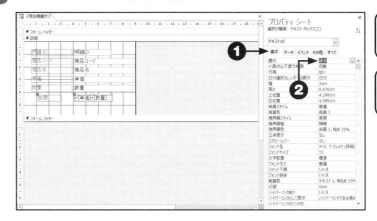

❶ プロパティシートの［書式］タブをクリックします。

❷ [書式]ボックスの▼をクリックして、[通貨]をクリックします。

第4章 フォーム　*127*

Step 9 テキストボックスの名前を設定します。

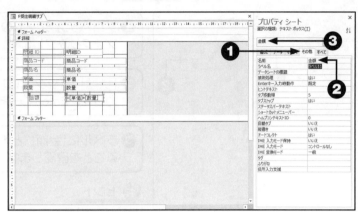

❶ プロパティシートの[その他]タブをクリックします。

❷ [名前]ボックスに「金額」と入力して、Enterキーを押します。

❸ テキストボックスの名前が変更されていることを確認します。

Step 10 プロパティシートの⊠閉じるボタンをクリックして、プロパティシートを閉じます。

Step 11 [デザイン]タブの[表示]ボタンをクリックして、データシートビューに切り替えます。

Step 12 [金額]フィールドが作成され、計算結果が表示されていることを確認します。

Step 13 クイックアクセスツールバーの[上書き保存]ボタンをクリックして、[F受注明細サブ]フォームを上書き保存します。

[フォームフッター] セクションを使用した集計

[フォームフッター] セクションは、フォームの最下部に表示される領域で、コマンドボタンやコメントなど、すべてのレコードに共通するコントロールや情報を表示する場合に使用します。[フォームフッター] セクションで演算コントロールを作成すると、フォームのすべてのレコードを集計した結果を表示します。
このとき、フォームの基になるテーブルやクエリに存在するフィールドは、Sum関数やAvg関数などの引数として使用することができますが、フォーム上で作成した演算コントロールは、関数の引数として使用することはできません。

基になるテーブル／クエリのフィールド	コントロールに設定する式
基になるテーブル／クエリに [金額] フィールドがある場合	=Sum([金額])
基になるテーブル／クエリに [金額] フィールドがなく、フォーム上で [金額] フィールドを作成した場合	=Sum ([単価]*[数量])

操作 [フォームフッター] セクションで集計する

[フォームフッター] セクションに演算コントロールを作成して、金額の合計を計算しましょう。

Step 1 [ホーム] タブの [表示] ボタンの▼をクリックし、[デザインビュー] をクリックしてデザインビューに切り替えます。

Step 2 [フォームフッター] セクションのサイズを変更します。

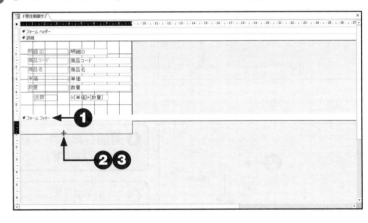

❶ [フォームフッター] セクションの下の境界線をポイントします。

❷ マウスポインターの形が ✚ になっていることを確認します。

❸ 垂直ルーラーの目盛[1] を目安に下方向にドラッグします。

ヒント
[フォームフッター] セクションの表示
[フォームフッター] セクションを表示できるビューは、フォームビューとレイアウトビューだけです。データシートビューは、[詳細] セクションのみを表示して、[フォームヘッダー] セクション、[フォームフッター] セクションを表示することはできません。

Step 3 [デザイン] タブの [コントロール] グループの ▼ [その他] ボタンをクリックして、[コントロールウィザードの使用] が選択されていないことを確認します。

Step 4 合計を表示する非連結テキストボックスを追加します。

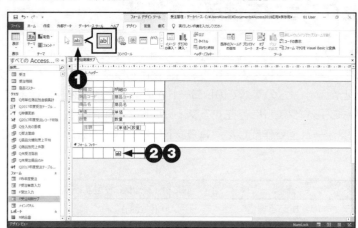

❶ [テキストボックス] ボタンをクリックします。

❷ [フォームフッター] セクションの水平ルーラーの目盛 [4]、垂直ルーラーの目盛 [0.25] の位置を目安にポイントします。

❸ マウスポインターの形が ⁺[ab] になっていることを確認して、クリックします。

Step 5 追加したコントロールのラベルをクリックし、[プロパティシート] ボタンをクリックして、プロパティシートを表示します。

Step 6 ラベルの標題を設定します。

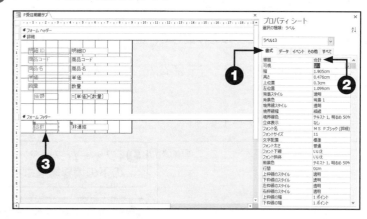

❶ プロパティシートの[書式] タブをクリックします。

❷ [標題] ボックスに「合計」と入力して、**Enter**キーを押します。

❸ ラベルに[合計] と表示されていることを確認します。

Step 7 テキストボックスに「=Sum ([単価] * [数量])」という計算式を設定します。

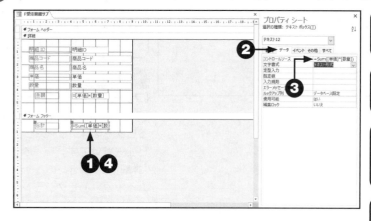

❶ 追加したテキストボックスをクリックします。

❷ プロパティシートの[データ] タブをクリックします。

❸ [コントロールソース] ボックスに「=sum(単価*数量) 」と入力して、**Enter**キーを押します。

❹ テキストボックスに[=Sum([単価] *[数量])] と表示されていることを確認します。

Step 8 テキストボックスの書式を設定します。

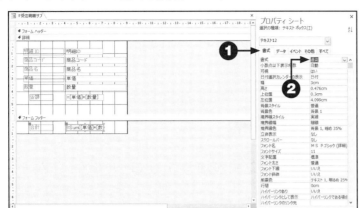

❶ プロパティシートの[書式] タブをクリックします。

❷ [書式] ボックスの▼をクリックして、[通貨] をクリックします。

Step 9 テキストボックスの名前を設定します。

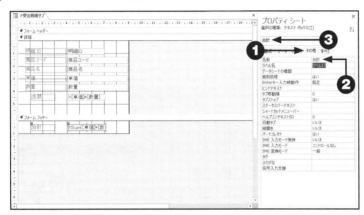

❶ プロパティシートの[その他] タブをクリックします。

❷ [名前] ボックスに「合計」と入力して、**Enter**キーを押します。

❸ テキストボックスの名前が変更されていることを確認します。

Step 10 プロパティシートの⊠閉じるボタンをクリックして、プロパティシートを閉じます。

Step 11 [デザイン] タブの [表示] ボタンの▼をクリックし、[フォームビュー] をクリックしてフォームビューに切り替えます。

Step 12 [合計] ボックスに計算結果が表示されていることを確認します。

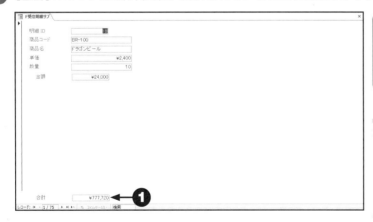

❶ [フォームフッター] セクションの [合計] ボックスに [¥777,720] と表示されていることを確認します。

💡 ヒント
演算コントロールの確認

ここでは、[フォームフッター] セクションに作成した演算コントロールの値を確認するために、フォームビューに切り替えています。

第 4 章 フォーム

Step 13 クイックアクセスツールバーの 🔲 [上書き保存] ボタンをクリックして、[F受注明細サブ] フォームを上書き保存します。

Step 14 ✕ "F受注明細サブ" を閉じるボタンをクリックして、[F受注明細サブ] フォームを閉じます。

サブフォームのコントロールの参照

サブフォームで作成した [フォームフッター] セクションの演算コントロールをメインフォームで参照することができます。

サブフォームではすべてのレコードの集計結果を表示するのに対し、メインフォームではメインフォームに表示されているレコードに対応するサブフォームのレコードだけを集計します。
たとえば、受注IDごとの受注明細の金額を集計して表示します。

サブフォームを単独で表示した場合

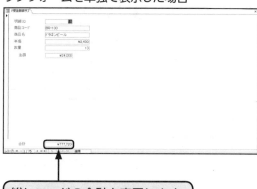

総レコードの合計を表示します。

サブフォームで表示した場合

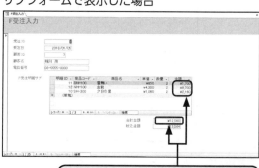

メインフォームに対応した明細の合計を表示します。

メインフォームでサブフォームのコントロールを参照するには、[コントロールソース] プロパティに次のように設定します。

書　式：[サブフォーム名] . [Form] ! [コントロール名]
使用例：[F受注明細サブフォーム] . [Form] ! [合計]

使用例のように設定すると、サブフォームである [F受注明細サブ] フォームの [合計] コントロールの値をメインフォームである [F受注入力] フォームで参照することができます。

操作 メインフォームでサブフォームのコントロールを参照する

[F受注明細サブ] フォームの [合計] コントロールを、メインフォームである [F受注入力] フォームで参照するように設定しましょう。

Step 1 ナビゲーションウィンドウのフォームの一覧から [F受注入力] を右クリックし、ショートカットメニューの [デザインビュー] をクリックして、[F受注入力] フォームをデザインビューで開きます。

Step 2 [詳細] セクションのサイズを変更します。

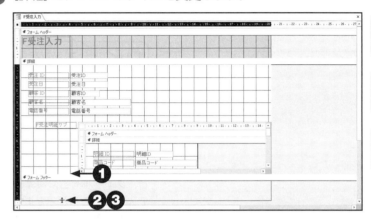

❶ [フォームフッター] セクションの上の境界線をポイントします。

❷ マウスポインターの形が ✥ になっていることを確認します。

❸ 垂直ルーラーの目盛 [10.5] を目安に下方向にドラッグします。

Step 3 [デザイン] タブの [コントロール] グループの ▼ [その他] ボタンをクリックして、[コントロールウィザードの使用] が選択されていないことを確認し、[ab|] [テキストボックス] ボタンをクリックします。

Step 4 マウスポインターの形が ⁺ab| になっていることを確認して、水平ルーラーの目盛 [16]、垂直ルーラーの目盛 [9] の位置を目安にクリックします。

Step 5 追加したコントロールのラベルをクリックし、[プロパティシート] ボタンをクリックして、プロパティシートを表示します。

Step 6 ラベルの標題を設定します。

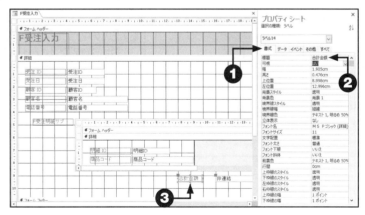

❶ プロパティシートの [書式] タブをクリックします。

❷ [標題] ボックスに「合計金額」と入力して、**Enter**キーを押します。

❸ ラベルに [合計金額] と表示されていることを確認します。

第4章 フォーム

Step 7 式ビルダーを起動します。

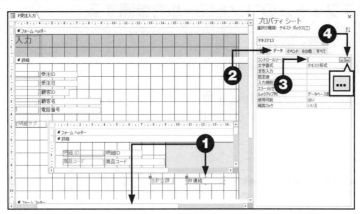

❶ フォームを右方向にスクロールして、追加したテキストボックスをクリックします。

❷ プロパティシートの［データ］タブをクリックします。

❸［コントロールソース］ボックスをクリックします。

❹［ビルド］ボタンをクリックします。

💡 ヒント
式ビルダー
「式ビルダー」は式を効率よく作成するためのツールです。式の入力はキーボードからでもできますが、式ビルダーを利用すると、フィールド名や演算子をマウスの操作で入力することができます。また、関数の入力もできます。

Step 8 サブフォームのコントロールを参照します。

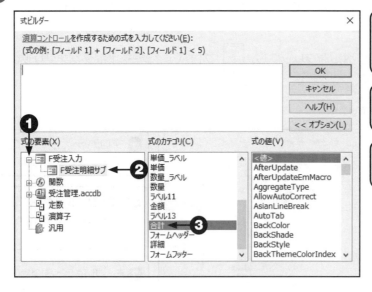

❶［式の要素］ボックスの［F受注入力］の ⊞ 展開インジケーターをクリックします。

❷［式の要素］ボックスの［F受注明細サブ］をクリックします。

❸［式のカテゴリ］ボックスの［合計］をダブルクリックします。

演算コントロールの活用

Step 9 作成した式を確認します。

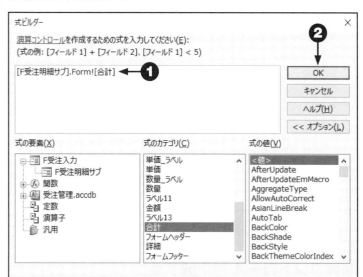

❶ 上部のボックスに [[F受注明細サブ].Form![合計]] と表示されていることを確認します。

❷ [OK] をクリックします。

Step 10 作成した式が設定されていることを確認します。

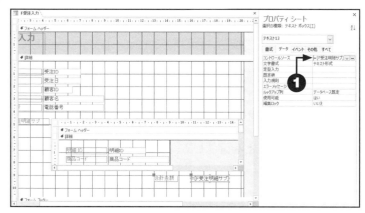

❶ [コントロールソース] ボックスに [=[F受注明細サブ].[Form]![合計]] と表示されていることを確認します。

💡 ヒント
設定された式の確認
←キーや→キーを押していくと設定されている式を確認できます。また、**Shift**+**F2**キーを押して、[ズーム] ダイアログボックスを開いて確認することもできます。

Step 11 テキストボックスの名前を設定します。

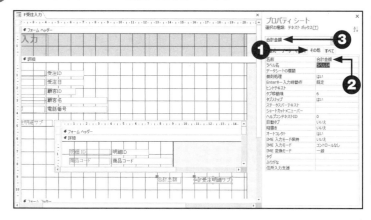

❶ プロパティシートの[その他] タブをクリックします。

❷ [名前] ボックスに「合計金額」と入力して、**Enter**キーを押します。

❸ テキストボックスの名前が変更されていることを確認します。

Step 12 プロパティシートの ❌ 閉じるボタンをクリックして、プロパティシートを閉じます。

Step 13 [デザイン] タブの [表示] ボタンをクリックして、フォームビューに切り替えます。

第4章 フォーム **135**

Step 14 サブフォームの合計金額が表示されていることを確認します。

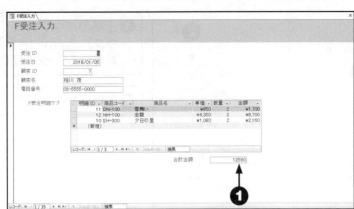

❶ [合計金額] ボックスに [12560] と表示されていることを確認します。

操作 税込金額を計算する演算コントロールを作成する

[F受注入力] フォームに、税込金額を計算する演算コントロールを作成しましょう。
なお、税込金額は8％で算出しています。

Step 1 [ホーム] タブの [表示] ボタンの▼をクリックし、[デザインビュー] をクリックしてデザインビューに切り替えます。

Step 2 [デザイン] タブの [コントロール] グループの [その他] ボタンをクリックして、[コントロールウィザードの使用] が選択されていないことを確認し、[テキストボックス] ボタンをクリックします。

Step 3 マウスポインターの形が ⁺ab になっていることを確認して、[合計金額] テキストボックスの下をクリックします。

Step 4 追加したコントロールのラベルをクリックし、[プロパティシート] ボタンをクリックして、プロパティシートを表示します。

Step 5 ラベルの標題を設定します。

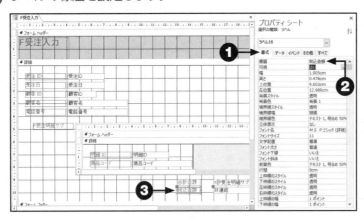

❶ プロパティシートの[書式] タブをクリックします。

❷ [標題] ボックスに「税込金額」と入力して、**Enter**キーを押します。

❸ ラベルに[税込金額] と表示されていることを確認します。

Step 6 テキストボックスに [=Int ([合計金額] *1.08)] という計算式を設定します。

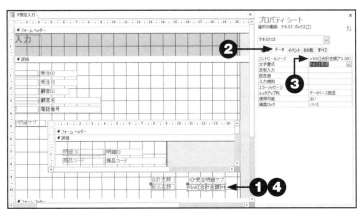

❶ フォームを右方向にスクロールして、追加したテキストボックスをクリックします。

❷ プロパティシートの[データ] タブをクリックします。

❸ [コントロールソース] ボックスに「=int(合計金額*1.08)」と入力して、Enterキーを押します。

❹ テキストボックスに[=Int([合計金額] *1.08)] と表示されていることを確認します。

Step 7 テキストボックスの名前を設定します。

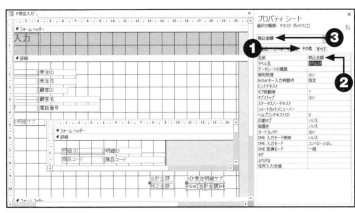

❶ プロパティシートの [その他] タブをクリックします。

❷ [名前] ボックスに「税込金額」と入力して、Enterキーを押します。

❸ テキストボックスの名前が変更されていることを確認します。

操作☞ 追加したテキストボックスに通貨書式を設定する

追加した2つのテキストボックスに通貨記号を表示するように書式を設定しましょう。

Step 1 2つのコントロールを選択します。

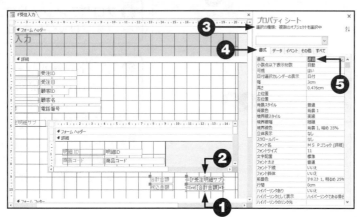

❶ [税込金額] テキストボックスが選択されていることを確認します。

❷ **Shift** キーを押しながら [合計金額] テキストボックスをクリックします。

❸ [選択の種類:] に [複数のオブジェクトを選択中] と表示されていることを確認します。

❹ プロパティシートの [書式] タブをクリックします。

❺ [書式] ボックスの▼をクリックして、[通貨] をクリックします。

Step 2 プロパティシートの⊠閉じるボタンをクリックして、プロパティシートを閉じます。

Step 3 クイックアクセスツールバーの 📄 [上書き保存] ボタンをクリックして、[F受注入力] フォームを上書き保存します。

Step 4 [デザイン] タブの [表示] ボタンをクリックして、フォームビューに切り替えます。

Step 5 作成したコントロールの計算結果を確認します。

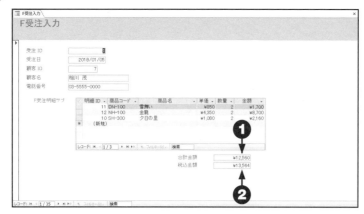

❶ [合計金額] ボックスに [¥12,560] と表示されていることを確認します。

❷ [税込金額] ボックスに [¥13,564] と表示されていることを確認します。

Step 6 次のレコードの値を確認します。

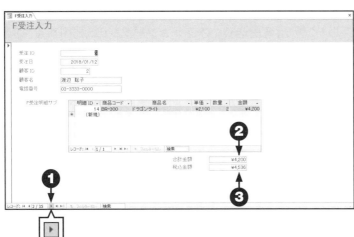

❶ [次のレコード] ボタンをクリックします。

❷ [合計金額] ボックスに [¥4,200] と表示されていることを確認します。

❸ [税込金額] ボックスに [¥4,536] と表示されていることを確認します。

> **ヒント　複数のコントロールのプロパティの設定**
>
> 複数のコントロールを選択すると、プロパティシートの [選択の種類:] には、[複数のオブジェクトを選択中] と表示されます。この状態は、選択しているコントロールに共通する設定項目が表示され、プロパティの設定をまとめて行うことができます。

オプションボタンによる条件分岐

複数の選択肢の中から1つだけ項目を選択するような場合は、「オプションボタン」を使用します。また、演算コントロールにオプションボタンの戻り値を利用して、条件分岐の結果を表示させることができます。
たとえば、性別のフィールドで、男性、女性の選択や、配送の時間帯を、午前中、午後、夜間のように、複数の選択肢を表示させることができるため、データの選択がしやすく、効率よく作業ができます。

オプションボタンを配置するには、オプショングループを作成し、必要なオプションボタンを配置します。オプショングループは、オプショングループウィザードを使用すると簡単に作成できます。
設定したオプションボタンには、値が割り当てられ、クリックするとその値が設定されます。たとえば、選択肢が3つの場合、既定では順番に1～3の値が設定されます。

■ **オプションボタンを利用した条件分岐**

オプションボタンの戻り値を使用して条件分岐をするには、IIf関数を使用します。IIf関数は、条件式を評価してその結果により値を返す関数です。

書　式：IIf (条件式, 真の時の戻り値, 偽の時の戻り値)
使用例：＝ IIf ([継続配送] ＝ 1, [受注日] ＋ 30, "継続配送はありません")

第4章　フォーム

使用例のように返す値に文字列を指定する場合には、文字列をダブルクォーテーション(")で囲みます。
たとえば、オプショングループの継続配送で、オプションボタンの[利用する]を選択すると、テキストボックスに30日後の日付を表示し、[利用しない]を選択すると、[継続配送はありません]と表示することができます。

操作 オプショングループを作成する

[F受注入力]フォームにオプショングループを作成し、継続配送を[利用する]または[利用しない]を選択するオプションボタンを配置しましょう。

Step 1 [ホーム]タブの[表示]ボタンの▼をクリックし、[デザインビュー]をクリックしてデザインビューに切り替えます。

Step 2 オプショングループを作成します。

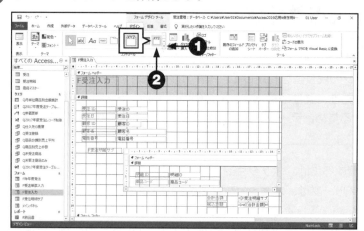

❶ [デザイン]タブの[コントロール]グループの[その他]ボタンをクリックして、[コントロールウィザードの使用]をクリックして選択します。

❷ [オプショングループ]ボタンをクリックします。

Step 3 オプショングループウィザードを起動します。

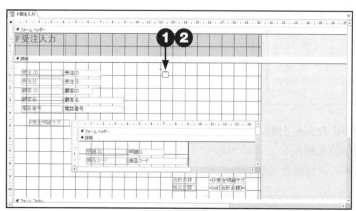

❶ [詳細]セクションの水平ルーラーの目盛[12]、垂直ルーラーの目盛[0.5]の位置を目安にポイントします。

❷ マウスポインターの形が になっていることを確認して、クリックします。

Step 4 オプショングループの選択肢を指定します。

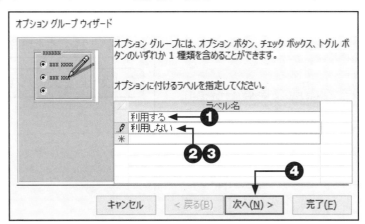

❶ [ラベル名] ボックスに「利用する」と入力します。

❷ **Tab**キーを押して、2行目にカーソルを移動します。

❸ [ラベル名] ボックスに「利用しない」と入力します。

❹ [次へ] をクリックします。

Step 5 既定のオプションを指定します。

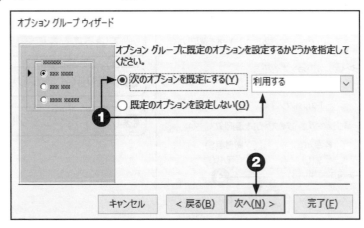

❶ [次のオプションを既定にする] が選択され、ボックスに [利用する] と表示されていることを確認します。

❷ [次へ] をクリックします。

Step 6 オプションボタンに割り当てられる値を指定します。

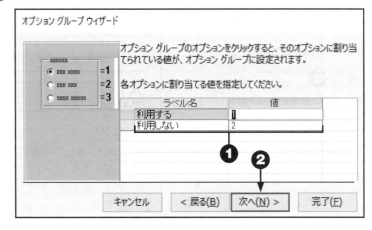

❶ [ラベル名] ボックスの [利用する] に [1]、[利用しない] に [2] が設定されていることを確認します。

❷ [次へ] をクリックします。

💡 ヒント
オプションボタンに割り当てられる値

オプションボタンに割り当てられる値とは、オプションボタン選択時に内部的に割り当てられる値です。ラベル名に指定されているオプションを選択すると、このオプショングループの値が返ります。

Step 7 選択されたオプションの利用方法を指定します。

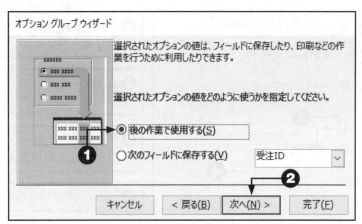

❶ [後の作業で使用する] が選択されていることを確認します。

❷ [次へ] をクリックします。

Step 8 オプショングループに含めるコントロールとスタイルを指定します。

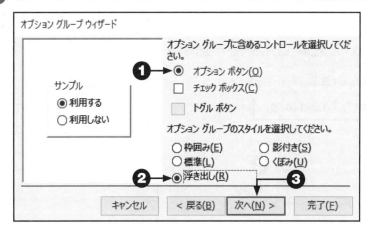

❶ [オプションボタン] が選択されていることを確認します。

❷ [浮き出し] をクリックします。

❸ [次へ] をクリックします。

Step 9 オプショングループの標題を指定します。

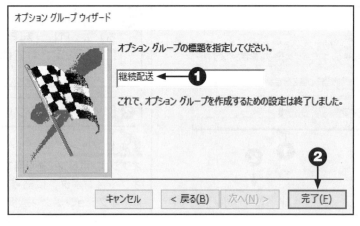

❶ [オプショングループの標題を指定してください。] ボックスに「継続配送」と入力します。

❷ [完了] をクリックします。

ヒント
オプショングループの標題
オプショングループウィザードで指定した標題とは、オプショングループのラベルの [標題] の値です。

Step 10 オプショングループが作成されていることを確認します。

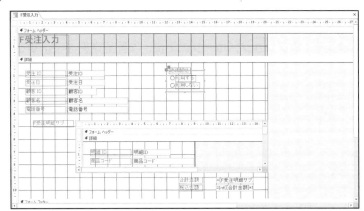

Step 11 追加したオプショングループが選択されていることを確認して、[プロパティシート] ボタンをクリックします。

Step 12 オプショングループの名前を設定します。

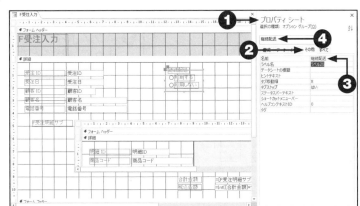

❶ プロパティシートが表示されていることを確認します。

❷ [その他] タブをクリックします。

❸ [名前] ボックスに「継続配送」と入力して、**Enter**キーを押します。

❹ オプショングループの名前が変更されていることを確認します。

Step 13 プロパティシートの☒閉じるボタンをクリックして、プロパティシートを閉じます。

操作 [詳細] セクションに演算コントロールを作成する

[F受注入力] フォームの [継続配送] オプショングループの下に、次回配送日を表示する演算コントロールを作成しましょう。

Step 1 [デザイン] タブの [コントロール] グループの ▼ [その他] ボタンをクリックして、[コントロールウィザードの使用] をクリックし、選択されていない状態にします。

Step 2 次回配送日を表示する非連結テキストボックスを作成します。

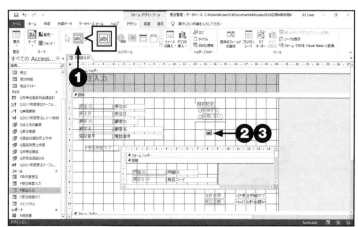

❶ [テキストボックス] ボタンをクリックします。

❷ [詳細] セクションの水平ルーラーの目盛 [13]、垂直ルーラーの目盛 [3] の位置を目安にポイントします。

❸ マウスポインターの形が ⁺[ab] になっていることを確認して、クリックします。

Step 3 テキストボックスに [非連結] と表示されていることを確認します。

Step 4 追加したコントロールのラベルをクリックし、[プロパティシート] ボタンをクリックして、プロパティシートを表示します。

Step 5 ラベルの標題と幅を調整します。

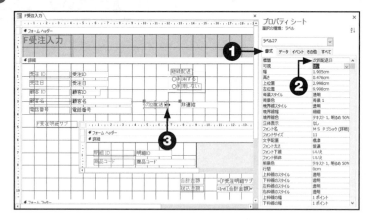

❶ プロパティシートの [書式] タブをクリックします。

❷ [標題] ボックスに「次回配送日」と入力して、**Enter**キーを押します。

❸ [次回配送日] ラベルの右端中央のハンドルをポイントし、マウスポインターの形が ↔ になっていることを確認して、ダブルクリックします。

Step 6 テキストボックスに、「=IIf([継続配送]=1,[受注日]+30, "継続配送はありません")」という計算式を設定します。

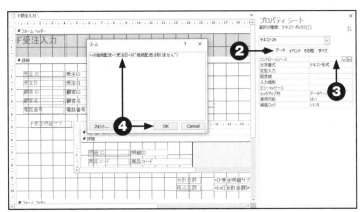

❶ 追加したテキストボックスをクリックします。

❷ プロパティシートの [データ] タブをクリックします。

❸ [コントロールソース] ボックスをクリックして、**Shift＋F2キー**を押して [ズーム] ダイアログボックスを開きます。

❹ 「=iif(継続配送=1,受注日+30, "継続配送はありません")」と入力して、[OK] をクリックします。

❺ **Enter**キーを押して、テキストボックスに [=IIf([継続配送]=1, [受注日]+30, "継続配送はありません")] と表示されていることを確認します。

💡 **ヒント**
[ズーム]ダイアログボックス内のフォント
[フォント] ボタンをクリックして、フォントやフォントサイズを変更することができます。

💡 **ヒント**
日付の計算
日付は、数式同様に演算することができます。30日後の場合、基となる日付に「+30」と設定します。

Step 7 テキストボックスの名前を設定します。

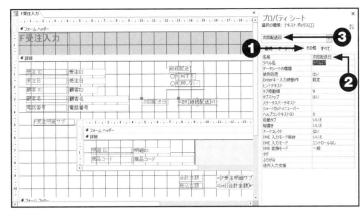

❶ プロパティシートの [その他] タブをクリックします。

❷ [名前] ボックスに「次回配送日」と入力して、**Enter**キーを押します。

❸ テキストボックスの名前が変更されていることを確認します。

Step 8 プロパティシートの ☒ 閉じるボタンをクリックして、プロパティシートを閉じます。

Step 9 テキストボックスのサイズを変更します。

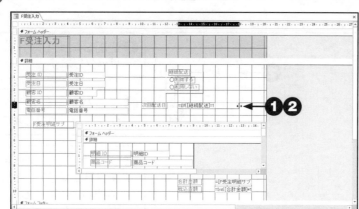

❶ [次回配送日] テキストボックスの右端中央のハンドルをポイントします。

❷ マウスポインターの形が ↔ になっていることを確認して、水平ルーラーの目盛 [18] を目安に右方向にドラッグします。

Step 10 [デザイン] タブの [表示] ボタンをクリックして、フォームビューに切り替えます。

Step 11 [継続配送] オプショングループと [次回配送日] テキストボックスが作成され、オプションボタンによって結果が変わることを確認します。

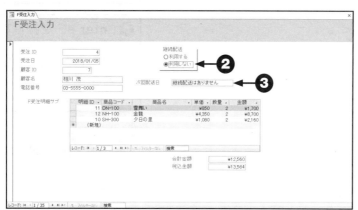

❶ [利用する] が選択されていて、[次回配送日] テキストボックスに受注日の1か月後の日付が表示されていることを確認します。

❷ [利用しない] をクリックします。

❸ [次回配送日] テキストボックスに [継続配送はありません] と表示されていることを確認します。

Step 12 クイックアクセスツールバーの [上書き保存] ボタンをクリックして、[F受注入力] フォームを上書き保存します。

Step 13 'F受注入力' を閉じるボタンをクリックして、[F受注入力] フォームを閉じます。

Step 14 閉じるボタンをクリックして、データベース「受注管理」を閉じてAccessを終了します。

この章の確認

- ☐ クエリを基にしてフォームを作成できますか？
- ☐ コンボボックスウィザードを使用してコンボボックスを作成できますか？
- ☐ 検索を行うコンボボックスを作成できますか？
- ☐ メイン／サブフォームとはどのようなものか理解できましたか？
- ☐ フォームウィザードを使用してメイン／サブフォームを作成できますか？
- ☐ サブフォームの高さや列幅を変更し、レイアウトを変更できますか？
- ☐ 演算コントロールとはどのようなものか理解できましたか？
- ☐ フォームに演算コントロールを作成できますか？
- ☐ ［フォームフッター］セクションを使用した集計ができますか？
- ☐ メイン／サブフォーム間でコントロールを参照できますか？
- ☐ テキストボックスに書式を設定できますか？
- ☐ オプショングループとはどのようなものか理解できましたか？
- ☐ オプショングループウィザードを使用してオプショングループを作成できますか？

問題 4-1

［保存用］フォルダーのデータベース「洋菓子受注」の［Q受注登録］クエリを基に、フォームウィザードで受注データを入力するためのフォームを作成して、編集しましょう。
本章から学習を開始した場合は、［復習問題］フォルダーにあるデータベース「復習4_洋菓子受注」を開きます。

1. ［Q受注登録］クエリのすべてのフィールドを基に、フォームウィザードで単票形式のフォームを作成して「F受注単票入力」という名前で保存しましょう。

2. 作成した［F受注単票入力］フォームの［商品コード］テキストボックスを削除し、次の表を参考にして、［商品マスター］テーブルの「商品コード」と「商品名」の2列を表示するコンボボックスをウィザードを利用して作成しましょう。
    ・コンボボックスは［顧客名］テキストボックスの下に作成します。

設定項目	設定値
並べ替え	商品コード
コントロールの列	2列表示にし、2列とも列幅を自動調整
選択可能なフィールド	商品コード
保存先フィールド	商品コード
ラベルの標題	商品コード

3. 作成したコンボボックスの名前を「商品コード」に変更して、プロパティシートを閉じましょう。

4. ［受注日］テキストボックスのサイズを変更してフォームを上書き保存し、フォームビューで確認して閉じましょう。

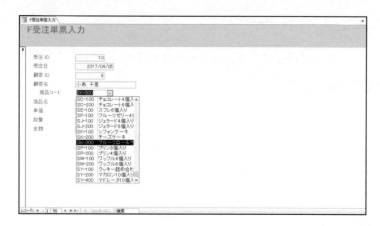

5. 次の完成例を参考に、［F顧客入力］フォームに顧客名から検索するコンボボックスを作成しましょう。
　・ラベルの標題は「顧客名検索」とします。

6. フォームを上書き保存して、フォームビューで顧客名を検索し、確認して閉じましょう。

問題 4-2

データベース「洋菓子受注」に売上データを入力するためのメイン／サブフォームを作成し、利用しやすいように編集して演算コントロールを追加しましょう。
また、次回オーダーを［確認する］／［確認しない］を選択するためのオプショングループを配置し、確認する場合には、今日の日付、確認しない場合には、「次回オーダーを確認しない」を表示するテキストボックスを作成しましょう。

1. 次の表を参考に、フォームウィザードでメイン／サブフォームを作成しましょう。

設定項目	設定値	
	テーブル／クエリ	フィールド名
フォームに含めるフィールド	テーブル：洋菓子受注	すべて
	テーブル：顧客マスター	顧客名、電話番号
	テーブル：洋菓子受注明細	明細ID、商品コード
	テーブル：商品マスター	商品名、単価
	テーブル：洋菓子受注明細	数量
データの表示方法	By 洋菓子受注	
	サブフォームがあるフォーム	
サブフォームのレイアウト	データシート	
フォーム名	フォーム：F洋菓子受注入力	
	サブフォーム：F洋菓子受注明細サブ	

2. ［F洋菓子受注入力］フォームの［受注ID］フィールドを昇順に並べ替えましょう。

3. ［受注日］テキストボックスのサイズを［受注ID］テキストボックスと同じサイズにしましょう。

4. 次の完成例を参考に、サブフォームの高さを半分くらいにし、列幅をすべて自動調整して、フォームを上書き保存して閉じましょう。

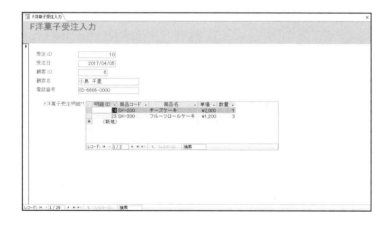

5. [F洋菓子受注明細サブ] フォームの [詳細] セクションの高さを1cm程度広げ、水平ルーラーの目盛 [4]、垂直ルーラーの目盛 [4.5] の位置を目安に、次の表を参考にして演算コントロールを追加しましょう。

	プロパティ	設定値
ラベル	標題	金額
テキストボックス	コントロールソース	単価×数量で計算
	書式	通貨
	名前	金額

6. プロパティシートを閉じ、フォームを上書き保存して、データシートビューで確認しましょう。

7. [F洋菓子受注明細サブ] フォームの [フォームフッター] セクションの高さを1cm程度広げ、水平ルーラーの目盛 [4]、垂直ルーラーの目盛 [0.25] の位置を目安に、次の表を参考にして演算コントロールを追加しましょう。

	プロパティ	設定値
ラベル	標題	合計
テキストボックス	コントロールソース	Sum関数を使用し、単価×数量で合計を計算
	書式	通貨
	名前	合計

8. プロパティシートを閉じてフォームを上書き保存し、フォームビューで確認して閉じましょう。

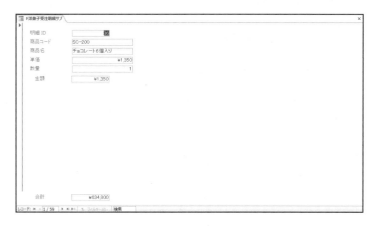

9. [F洋菓子受注入力] フォームの [詳細] セクションの高さを2cm程度下に広げ、水平ルーラーの目盛 [13]、垂直ルーラーの目盛 [8.5] の位置を目安に、次の表を参考にして合計金額を参照する演算コントロールを追加しましょう。

	プロパティ	設定値
ラベル	標題	合計金額
テキストボックス	コントロールソース	サブフォームの [合計] コントロールを参照
	書式	通貨
	名前	合計金額

10. 水平ルーラーの目盛［13］、垂直ルーラーの目盛［9.5］の位置を目安に、次の表を参考にして税込金額を求める演算コントロールを追加しましょう。

	プロパティ	設定値
ラベル	標題	税込金額
テキストボックス	コントロールソース	Int関数を使用し、［合計金額］コントロール×1.08で計算
	書式	通貨
	名前	税込金額

11. フォームを上書き保存して、フォームビューで確認しましょう。

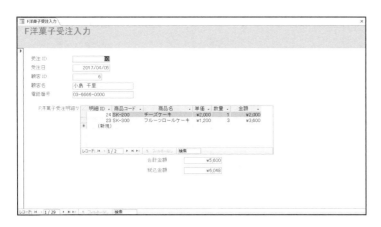

12. 次の表を参考に、［F洋菓子受注入力］フォームに次回オーダーを［確認する］／［確認しない］を選択するためのオプショングループを［受注ID］テキストボックスの右に作成しましょう。

設定項目	設定値
オプショングループラベル	ラベル名　確認する　　値　1
	ラベル名　確認しない　値　2
既定のラベル	確認しない
オプションの値の使用方法	後の作業で使用する
オプショングループに含めるコントロール	オプションボタン
オプショングループのスタイル	影付き
オプショングループの標題	次回オーダー

13. 作成したオプショングループの名前を、「次回オーダー」に設定しましょう。

14. 次の表を参考に、[F洋菓子受注入力] フォームに次回オーダーを [確認する] ／ [確認しない] の結果を表示する演算コントロールを [次回オーダー] オプショングループの下に作成して、ラベルとテキストボックスのサイズを変更しましょう。

	プロパティ	設定値
ラベル	標題	次回オーダー日
テキストボックス	コントロールソース	IIf関数を使用し、[次回オーダー] オプショングループで [1] が選択されたら今日の日付（Date関数）、そうでなければ、「次回オーダーの確認を行いません」という文字列を表示
	名前	次回オーダー日

15. プロパティシートを閉じてフォームを上書き保存し、フォームビューで確認して閉じましょう。

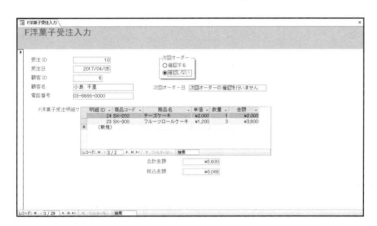

第5章

レポート

■ グループ集計レポート
■ 改ページの設定
■ メイン／サブレポート

グループ集計レポート

「グループ集計レポート」とは、特定のフィールドでグループ化し、合計や平均などの集計方法を設定して作成するレポートのことです。

グループ集計レポートでは、レコードをグループ化するとき、グループ間隔(集計間隔)を設定して、さまざまな集計が行えます。グループ集計レポートの作成には、次の方法があります。
・レポートウィザードを使用します。
・[作成] タブの [レポート] ボタンを使用して表形式のレポートを作成し、グループ化および集計方法を設定します。

たとえば、[Q月別受注一覧] クエリを基に、月ごとに商品の売上を集計するレポートを作成すると次のようになります。

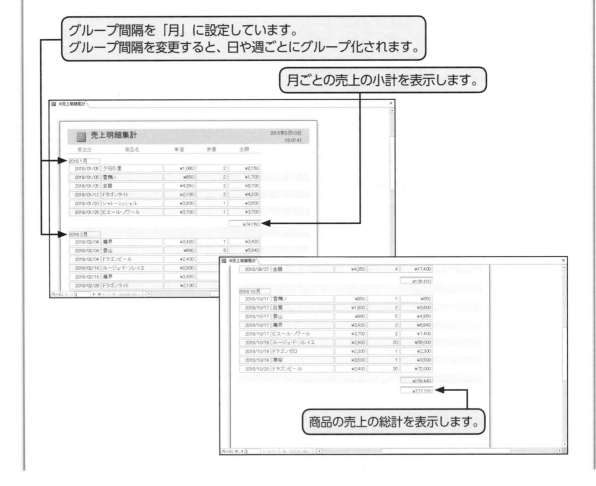

■ グループ間隔の設定

グループ間隔を設定できるのは、グループ集計するフィールドが次のデータ型の場合です。

データ型	グループ間隔として選択できるもの
日付/時刻型	同じデータ、年、四半期、月、週、日、時、分
短いテキスト	同じデータ、文字列の先頭から任意数分の文字が同じ場合
数値型、通貨型	同じデータ、10ごと、50ごと、100ごと、500ごと、1000ごと、5000ごと、10000ごと

■ 集計方法

グループレベルで指定した項目ごとに次のような集計を行うことができます。
なお、レポートウィザードで設定できるオプションは、合計、平均、最小値、最大値の4つになります。

オプション	集計方法
合計	フィールドの値を加算します。
平均	フィールドの値の平均値を計算します。
レコードのカウント	すべてのレコードの数を返します。
値のカウント	フィールドに値が設定されているレコードの数を返します。
最小値	フィールド内の最も小さい値を返します。
最大値	フィールド内の最も大きい値を返します。
標準偏差	フィールドの値の標準偏差（統計などの値のばらつき具合を表す）を計算します。
分散	フィールドのすべての値の統計的な分散を測定します。

グループ集計レポートの作成

［レポート］ボタンを使用して作成した表形式のレポートにグループ化の設定をすることで、さまざまな集計を行うグループ集計レポートを簡単に作成できます。レポートを作成するには、あらかじめレポートに必要なフィールドを集めた、クエリを作成する必要があります。

操作☞ グループ集計レポートの基になるクエリを作成する

［Q受注登録］クエリを基に、グループ集計レポートで印刷に必要なフィールドを指定したクエリを作成しましょう。

Step 1 ［保存用］フォルダーにあるデータベース「受注管理」を開きます。本章から学習を開始する場合は、［Access2019応用］フォルダーにあるデータベース「5章_受注管理」を開きます。

Step 2 ［作成］タブの [クエリデザイン] ボタンをクリックして、クエリを新規に作成します。

Step 3 ［テーブルの表示］ダイアログボックスの［クエリ］タブをクリックし、［Q受注登録］を追加して、［テーブルの表示］ダイアログボックスを閉じます。

Step 4 デザイングリッドに［受注日］、［商品名］、［単価］、［数量］、［金額］フィールドの順番で追加します。

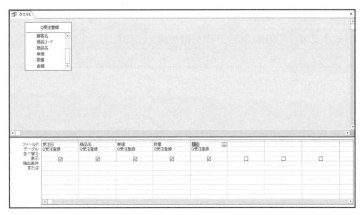

Step 5 ［デザイン］タブの [実行] ボタンをクリックして、クエリを実行します。

Step 6 集計レポートに必要なフィールドが選択されていることを確認し、クエリに名前を付けて保存します。

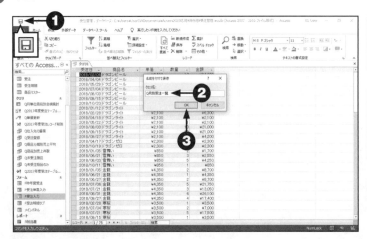

❶ クイックアクセスツールバーの［上書き保存］ボタンをクリックします。

❷ ［名前を付けて保存］ダイアログボックスの［クエリ名］ボックスに「Q月別受注一覧」と入力します。

❸ ［OK］をクリックします。

Step 7 'Q月別受注一覧' を閉じるボタンをクリックして、[Q月別受注一覧] クエリを閉じます。

操作 グループ集計レポートを作成する

[Q月別受注一覧] クエリを基に、月ごとの売上を集計するレポートを作成しましょう。

Step 1 レポートを作成します。

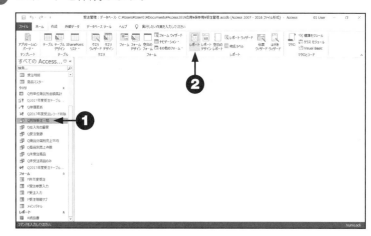

❶ ナビゲーションウィンドウのクエリの一覧から [Q月別受注一覧] をクリックします。

❷ [作成] タブの [レポート] ボタンをクリックします。

💡 ヒント
レイアウトビュー
[レポート] ボタンを使用してレポートを作成すると、レイアウトビューで表示され、データを確認しながら編集作業が行えます。

Step 2 グループ化を設定します。

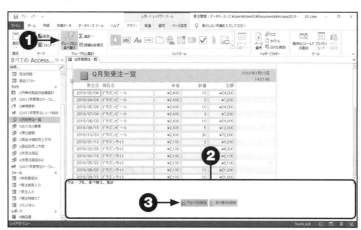

❶ [デザイン] タブの [グループ化と並べ替え] ボタンをクリックします。

❷ [グループ化] ダイアログボックスが開いたことを確認します。

❸ [グループの追加] をクリックします。

Step 3 [受注日] フィールドにグループ化を設定します。

❶ [受注日] をクリックします。

第5章 レポート 157

Step 4 グループ間隔を設定します。

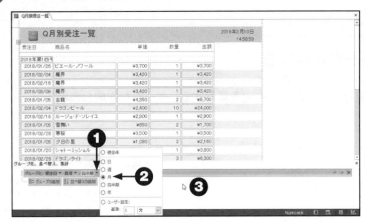

❶ [四半期] の▼をクリックします。

❷ [月] をクリックします。

❸ 一覧以外の箇所をクリックします。

Step 5 並べ替えを設定します。

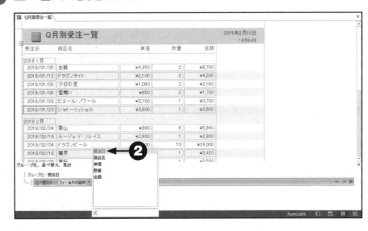

❶ [並べ替えの追加] をクリックします。

❷ [受注日] をクリックします。

Step 6 ✕ グループ化ダイアログボックスを閉じるボタンをクリックして、[グループ化] ダイアログボックスを閉じます。

Step 7 集計方法を設定します。

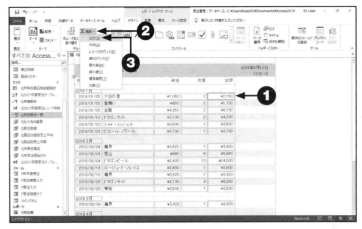

❶ [金額] テキストボックスをクリックします。

❷ [集計] ボタンをクリックします。

❸ [合計] をクリックします。

💡 ヒント
[グループ化]ダイアログボックスでの設定方法
[その他] をクリックして、[単価の集計付き] の▼をクリックします。[集計] ボックスで集計するフィールド、[種類] ボックスで集計方法を指定します。

Step 8 [金額] フィールドの月ごとの集計が表示されたことを確認します。

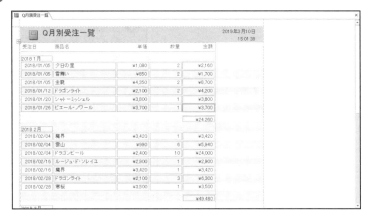

Step 9 レポートに名前を付けて保存します。

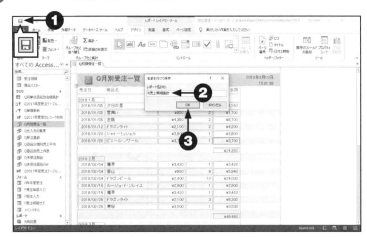

❶ クイックアクセスツールバーの[上書き保存] ボタンをクリックします。

❷ [名前を付けて保存] ダイアログボックスの[レポート名] ボックスに「R売上明細集計」と入力します。

❸ [OK] をクリックします。

コントロールの調整

作成したレポートをレイアウトビューやデザインビューで編集して、美しく機能的なものに仕上げることができます。
レイアウトビューは、印刷時と同じようにデータを確認しながら変更することができるので、コントロールの調整、レポートの外観などの見やすさを調整する場合に便利です。
デザインビューは、レポート構造が表示されるため、レポートヘッダー／フッターなど各セクションを確認、変更することができます。また、コントロールを追加する場合に便利です。

操作☞ タイトルやコントロールの配置を変更する

[R売上明細集計] レポートを次のように編集して、レポートを整えましょう。

セクション	コントロール	編集内容
[レポートヘッダー] セクション	タイトル	売上明細集計
[ページヘッダー] セクション	ラベル	中央揃え
[レポートフッター] セクション	単価の総計	上枠線を透明にして削除

Step 1 タイトルを変更します。

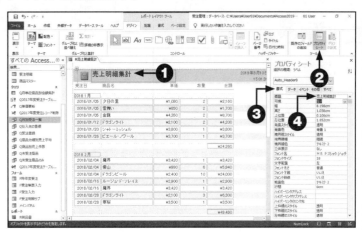

❶ [レポートヘッダー] セクションのタイトル [Q月別受注一覧] をクリックします。

❷ [プロパティシート] ボタンをクリックして、プロパティシートを表示します。

❸ [書式] タブをクリックします。

❹ [標題] ボックスに「売上明細集計」と入力して、**Enter**キーを押します。

Step 2 ラベルを中央揃えにします。

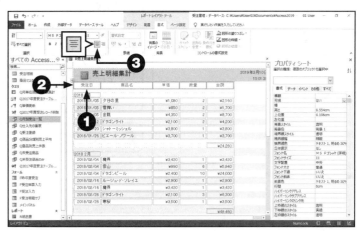

❶ [ページヘッダー] セクションの [受注日] ラベルをクリックします。

❷ [受注日] ラベルの左端をポイントし、マウスポインターの形が➡になっていることを確認して、クリックします。

❸ [書式] タブの [中央揃え] ボタンをクリックします。

Step 3 テキストボックスのスタイルを変更して、不要なコントロールを削除します。

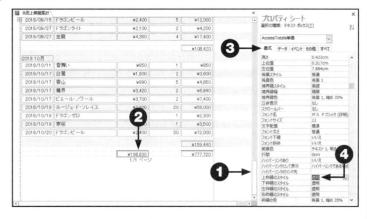

❶ レポートを下方向にスクロールして、最後の行の金額の合計を表示している2つのテキストボックスを表示します。

❷ [レポートフッター] セクションの単価の総計を表示しているテキストボックスをクリックします。

❸ プロパティシートの [書式] タブが選択されていることを確認します。

❹ [上枠線のスタイル] ボックスをクリックし、▼をクリックして、[透明] をクリックします。

Step 4 プロパティシートの ☒ 閉じるボタンをクリックして、プロパティシートを閉じます。

Step 5 **Delete** キーを押して単価の総計を表示しているテキストボックスを削除します。

Step 6 [デザイン] タブの [表示] ボタンの▼をクリックし、[印刷プレビュー] をクリックして印刷プレビューに切り替えます。

Step 7 印刷プレビューで結果を確認します。

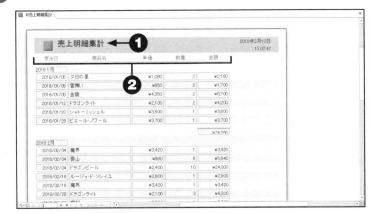

❶ レポートのタイトルが[売上明細集計]と表示されていることを確認します。

❷ フィールド名が中央揃えになっていることを確認します。

Step 8 最後のページを確認します。

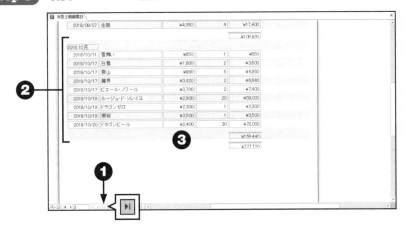

❶ [最後のページ] ボタンをクリックします。

❷ レポートの最後のページが表示されていることを確認して、金額の総計が表示されるまで下方向にスクロールします。

❸ 単価の総計は表示されていないことを確認します。

Step 9 クイックアクセスツールバーの 🖫 [上書き保存] ボタンをクリックして、[R売上明細集計] レポートを上書き保存します。

💡 ヒント　その他のタイトルの変更方法

レポートのタイトルをクリックして、太枠線が表示されたら文字列上をクリックします。文字列中にカーソルが表示されたら直接入力して、タイトルを変更します。

演算コントロールの作成

フォームと同様に、レポートでも「演算コントロール」を作成し、演算結果の表示ができます。

演算コントロールは、レポート上に非連結テキストボックスを作成し、その [コントロールソース] プロパティに計算式を入力して作成します。計算式は、基になるテーブルやクエリのフィールドの値を参照する以外に、レポート上に作成した集計結果を表示するコントロールの値を参照して作成することもできます。

たとえば、商品の売上を合計した「売上の合計」という演算コントロールがあり、売上の合計の税込金額を計算する場合は、プロパティシートの [コントロールソース] プロパティに次のような計算式を記述します。

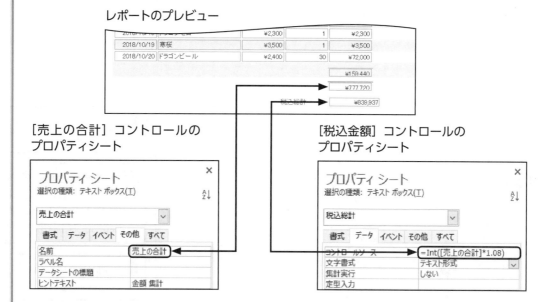

計算式に他のコントロールの値を使用する場合には、使用するコントロールのプロパティシートを表示し、[名前] プロパティでコントロールの名前を確認して、計算式に使用します。また、全レコードを基に集計する場合には、[レポートフッター] セクションに演算コントロールを作成します。

操作 [レポートフッター] セクションに演算コントロールを作成する

[R売上明細集計] レポートの [レポートフッター] セクションに、総計の税込金額を算出する演算コントロールを作成して、通貨記号を表示するように書式を設定しましょう。
なお、税込金額は8%で算出しています。

Step 1 [印刷プレビュー] タブの [印刷プレビューを閉じる] ボタンをクリックして、レイアウトビューに切り替えます。

Step 2 [デザイン] タブの [表示] ボタンの▼をクリックし、[デザインビュー] をクリックしてデザインビューに切り替えます。

Step 3 演算コントロールを追加するために [レポートフッター] セクションのサイズを変更します。

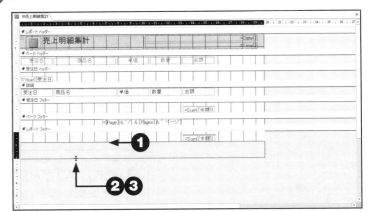

❶ [レポートフッター] セクションの下の境界線をポイントします。

❷ マウスポインターの形が ✢ になっていることを確認します。

❸ 垂直ルーラーの目盛 [2] を目安に下方向にドラッグします。

Step 4 コントロールウィザードを使用しないように設定します。

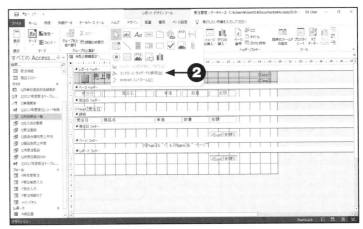

❶ [デザイン] タブの [コントロール] グループの [その他] ボタンをクリックします。

❷ [コントロールウィザードの使用] が選択されていないことを確認します。

Step 5 総計の税込金額を表示する非連結テキストボックスを追加します。

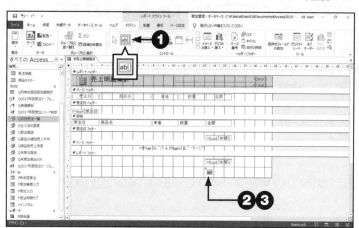

❶ [テキストボックス] ボタンをクリックします。

❷ [レポートフッター] セクションの金額の総計を表示するテキストボックスの下をポイントします。

❸ マウスポインターの形が ⁺[ab] になっていることを確認して、クリックします。

Step 6 ラベルの標題を設定します。

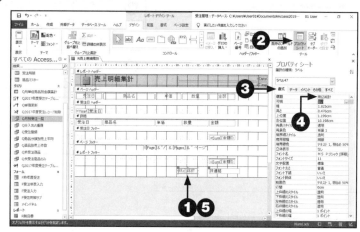

❶ 追加したテキストボックスのラベルをクリックします。

❷ [プロパティシート] ボタンをクリックして、プロパティシートを表示します。

❸ [書式] タブが選択されていることを確認します。

❹ [標題] ボックスに「税込総計」と入力して、**Enter**キーを押します。

❺ ラベルに [税込総計] と表示されていることを確認します。

Step 7 [AccessTotals金額1] のコントロール名を変更します。

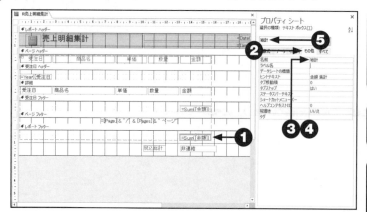

❶ [レポートフッター] セクションの [=Sum([金額])] と表示されているテキストボックスをクリックします。

❷ プロパティシートの [その他] タブをクリックします。

❸ [名前] ボックスに [AccessTotals金額1] と表示されていることを確認します。

❹ [名前] ボックスに「総計」と入力して、**Enter**キーを押します。

❺ テキストボックスの名前が変更されていることを確認します。

Step 8 テキストボックスに「=Int ([総計] * 1.08)」という計算式を設定します。

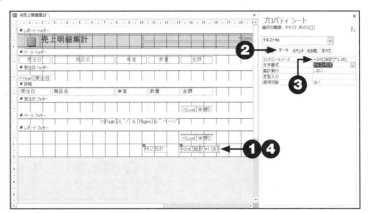

❶ 追加した非連結テキストボックスをクリックします。

❷ プロパティシートの[データ]タブをクリックします。

❸ [コントロールソース]ボックスに「=int(総計*1.08)」と入力して、**Enter**キーを押します。

❹ 非連結テキストボックスに[=Int([総計]*1.08)]と表示されていることを確認します。

Step 9 テキストボックスの名前を設定します。

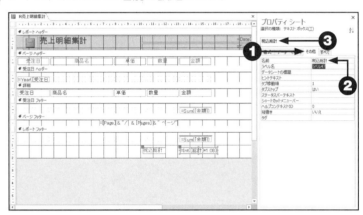

❶ プロパティシートの[その他]タブをクリックします。

❷ [名前]ボックスに「税込総計」と入力して、**Enter**キーを押します。

❸ テキストボックスの名前が変更されていることを確認します。

Step 10 テキストボックスの書式を設定します。

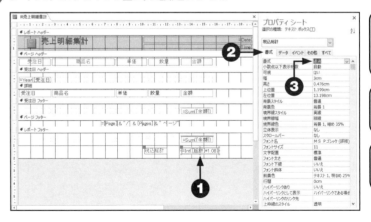

❶ [税込総計]テキストボックスが選択されていることを確認します。

❷ プロパティシートの[書式]タブをクリックします。

❸ [書式]ボックスの▼をクリックして、[通貨]をクリックします。

第5章 レポート 165

Step 11 プロパティシートの☒閉じるボタンをクリックして、プロパティシートを閉じます。

Step 12 クイックアクセスツールバーの🖫 [上書き保存] ボタンをクリックして、[R売上明細集計] レポートを上書き保存します。

Step 13 [デザイン] タブの [表示] ボタンの▼をクリックし、[印刷プレビュー] をクリックして印刷プレビューに切り替えます。

Step 14 印刷プレビューで結果を確認します。

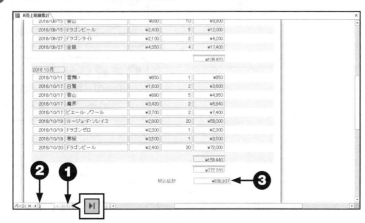

❶ [最後のページ] ボタンをクリックします。

❷ 3ページが表示されていることを確認します。

❸ [税込総計] テキストボックスに税込総計が計算され、[¥839,937] と表示されていることを確認します。

改ページの設定

レポートにはセクションごと、またはセクションの途中に「改ページ」を挿入することができます。改ページを挿入することで、表紙と内容、またはグループごとなど、目的に合わせて見やすいレポートを作成できます。
たとえば、集計レポートで、月ごとに印刷したり、納品書などで顧客ごとに印刷するときに改ページを設定します。

改ページは、レポートヘッダー、グループヘッダー、詳細、グループフッター、レポートフッターの前後に挿入することができます。
各セクションのプロパティシートの [改ページ] プロパティで次の値を選択して設定します。ただし、[ページヘッダー] セクションと [ページフッター] セクションには設定することはできません。

設定値	改ページの方法
カレントセクションの前	選択したセクションが新規ページの先頭になります。
カレントセクションの後	選択したセクションの次のセクションが、新規ページの先頭になります。
カレントセクションの前後	選択したセクションと次のセクションが、新規ページの先頭になります。

たとえば、[R売上明細集計] レポートを月ごとで改ページすると、次のようになります。

1ページ目

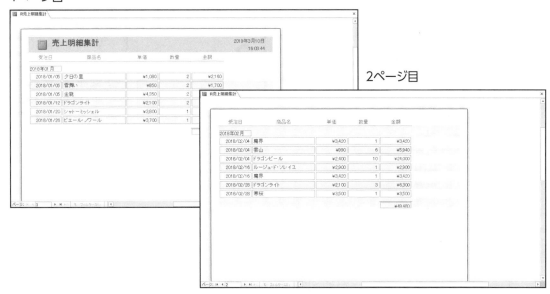

2ページ目

■ **セクションの途中での改ページ**
レポートの表紙を2枚に分けるなど、セクションの途中で改ページすることもできます。
セクションの途中で改ページする場合は、[デザイン] タブの [改ページの挿入] ボタンをクリックして、任意の位置に改ページコントロールを挿入します。

操作 グループ化フィールドを確認する

[R売上明細集計] レポートのグループ化フィールドを確認しましょう。

Step 1 [印刷プレビュー] タブの [印刷プレビューを閉じる] ボタンをクリックして、デザインビューに切り替えます。

Step 2 グループ化フィールドを確認します。

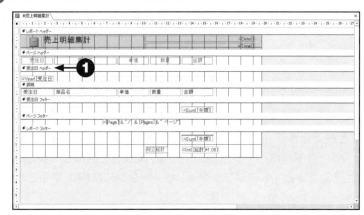

❶ [グループヘッダー] セクションに [受注日ヘッダー] と表示されていることを確認します。

ヒント
[グループヘッダー] セクション
グループ集計レポートを作成すると [グループヘッダー] セクション、[グループフッター] セクションが追加され、グループ化したフィールド名が使用されます。

Step 3 [デザイン] タブの [表示] ボタンの▼をクリックし、[印刷プレビュー] をクリックして印刷プレビューに切り替えます。

Step 4 受注月ごとに商品が表示されており、3ページですべてのデータが表示されていることを確認します。

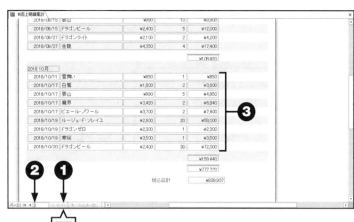

❶ [最後のページ] ボタンをクリックします。

❷ 3ページが表示されていることを確認します。

❸ 受注月ごとに商品のデータが表示されていることを確認します。

操作 レポートに改ページを設定する

[受注日ヘッダー] セクションで改ページを設定して、月ごとに改ページされるようにし、グループ化した受注日は、yyyy年mm月と表示するように設定しましょう。

Step 1 [印刷プレビュー] タブの [印刷プレビューを閉じる] ボタンをクリックして、デザインビューに切り替えます。

Step 2 [受注日ヘッダー] セクションに改ページを設定します。

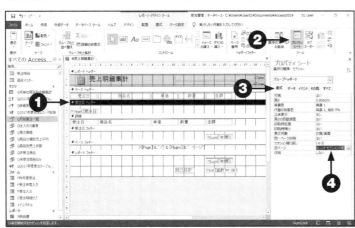

❶ [受注日ヘッダー] セクションをクリックします。

❷ [プロパティシート] ボタンをクリックして、プロパティシートを表示します。

❸ [書式] タブが選択されていることを確認します。

❹ [改ページ] ボックスをクリックし、▼をクリックして、[カレントセクションの前] をクリックします。

💡 ヒント
プロパティシートの幅
既定のプロパティシートの幅だと、プロパティの選択項目などがすべて表示されないことがあります。このような場合は、プロパティシートの左端の境界線をマウスで左方向にドラッグして幅を広げると選択しやすくなります。

Step 3 [受注日ヘッダー] セクションのテキストボックスをクリックします。

Step 4 プロパティシートの [データ] タブの [コントロールソース] ボックスをクリックし、**Shift＋F2**キーを押して、[ズーム] ダイアログボックスを開きます。

Step 5 グループヘッダーの表示を [年月] に変更します。

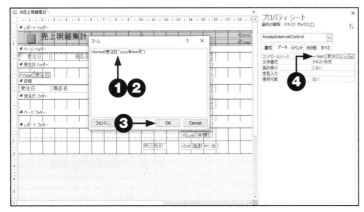

❶ すべての式を選択して、**Delete**キーを押します。

❷ 「=format(受注日,"yyyy年mm月")」と入力します。

❸ [OK] をクリックします。

❹ [コントロールソース] ボックスに入力されたことを確認して、**Enter**キーを押します。

💡 ヒント
Format関数
Format関数は、日付データを指定した書式の文字列に変換します。
表示形式を [yyyy年mm月] とすると西暦年を4桁、月を2桁で表示します。
Format (日付データ,表示形式)

Step 6 プロパティシートの ⊠ 閉じるボタンをクリックして、プロパティシートを閉じます。

Step 7 クイックアクセスツールバーの 🖫 [上書き保存] ボタンをクリックして、[R売上明細集計] レポートを上書き保存します。

Step 8 [デザイン] タブの 表示 [表示] ボタンの▼をクリックし、[印刷プレビュー] をクリックして印刷プレビューに切り替えます。

Step 9 レポートに改ページが設定されたことを確認します。

❶ [受注日ヘッダー] セクションに [2018年01月] と表示されていることを確認します。

Step 10 2ページ目を表示します。

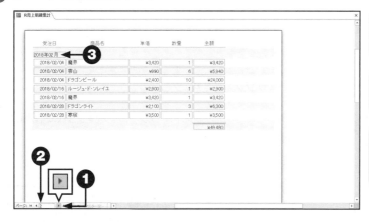

❶ [次のページ] ボタンをクリックします。

❷ 2ページが表示されていることを確認します。

❸ [受注日ヘッダー] セクションに [2018年02月] と表示されていることを確認します。

Step 11 最後のページを確認します。

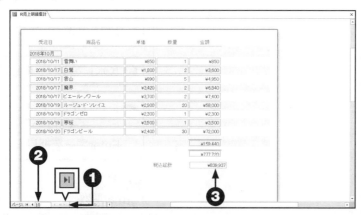

❶ [最後のページ] ボタンをクリックします。

❷ 10ページが表示されていることを確認します。

❸ 税込総計が表示されていることを確認します。

Step 12 残りのページを表示して、月ごとに改ページされていることを確認します。

Step 13 ⊠ 'R売上明細集計' を閉じるボタンをクリックして、[R売上明細集計] レポートを閉じます。

メイン／サブレポート

フォームと同様に、レポートもメイン／サブレポートを作成することができます。
メインレポートの基になるテーブルと、サブレポートの基になるテーブルの間に、あらかじめ一対多のリレーションシップが設定されていれば、レポートウィザードを使用して簡単に作成することができます。
納品書や請求書のように、1枚の伝票で複数件のデータを扱う場合によく利用されます。

メイン／サブレポートは、単票形式のレポートの中に、関連するレコードを明細行の形で表示します。単票形式のレポートを「メインレポート」、その中に表示される明細行のレポートを「サブレポート」といいます。
データベース「受注管理」では、次のように一側のテーブルである [受注] テーブルをメインレポートに、多側のテーブルである [受注明細] テーブルのデータをサブレポートに表示します。
メインレポートでは、顧客IDに対応した顧客名や住所を表示し、サブレポートではメインレポートの受注IDに関連付けられた明細IDと、商品コードに対応した商品名や単価を表示するようにしています。

一側のテーブル

多側のテーブル

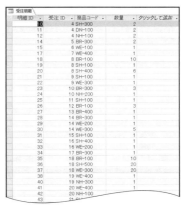

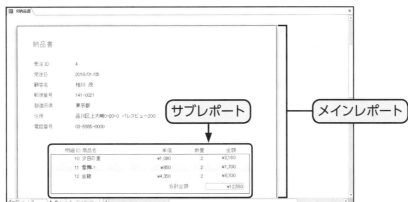

第 5 章 レポート　**171**

メイン／サブレポートも、独立した2つのレポートで構成されています。そのため、それぞれが1つのオブジェクトとして保存されています。
また、メインレポートとサブレポートを個別に作成し、メインレポートにサブレポートを埋め込んで作成することも可能です。

メインレポートの作成

メインレポートを作成するには、メインレポートの基になるテーブルから必要なフィールドを選択し、単票形式のレポートを作成します。
[R納品書] レポートはレポートウィザードを使用して作成した単票形式のレポートで、次のような設定をしています。
・各ページの先頭にタイトルを表示するため、[ページヘッダー] セクションにタイトルを設定しています。
・受注IDごとに改ページをするため、[詳細] セクションに改ページを設定しています。
・サブレポートを埋め込むため、[詳細] セクションのサイズを変更しています。

操作 メインレポートを確認する

[受注] テーブルを基にあらかじめ作成してあるメインレポートの [R納品書] レポートを確認しましょう。

Step 1 ナビゲーションウィンドウの [R納品書] を右クリックして、ショートカットメニューの [デザインビュー] をクリックし、[R納品書] レポートをデザインビューで開きます。

Step 2 メインレポートのデザインを確認します。

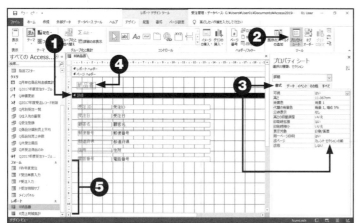

❶ [詳細] セクションをクリックします。

❷ [プロパティシート] ボタンをクリックして、プロパティシートを表示します。

❸ [書式] タブをクリックし、[改ページ] ボックスが [カレントセクションの前] になっていることを確認します。

❹ [ページヘッダー] セクションのタイトルが [納品書] になっていることを確認します。

❺ [詳細] セクションの高さがサブレポートを埋め込むために広くなっていることを確認します。

Step 3 プロパティシートの☒閉じるボタンをクリックして、プロパティシートを閉じます。

Step 4 [デザイン] タブの [表示] ボタンの▼をクリックし、[印刷プレビュー] をクリックして印刷プレビューに切り替えます。

Step 5 レポートを確認します。

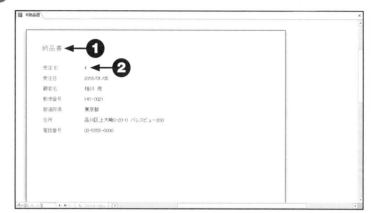

❶ タイトルが「納品書」であることを確認します。

❷ [受注ID] が [4] と表示されていることを確認します。

Step 6 改ページを確認します。

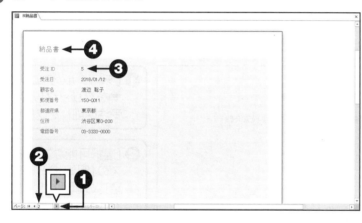

❶ [次のページ] ボタンをクリックします。

❷ 2ページが表示されていることを確認します。

❸ [受注ID] が [5] と表示されていることを確認します。

❹ レポートのタイトルに [納品書] と表示されていることを確認します。

Step 7 ☒ 'R納品書' を閉じるボタンをクリックして、[R納品書] レポートを閉じます。

第5章 レポート

サブレポートの作成

サブレポートを作成するには、サブレポートの基になるテーブルから必要なフィールドを選択し、表形式のレポートを作成します。
レポートウィザードで作成したレポートの編集は、[配置] タブの [表形式] ボタンを使用してグループ化すると、削除やサイズ変更した場合に、その他のコントロールも自動調整されるので効率よく作業できます。

操作 🖙 サブレポートを作成する

レポートウィザードを使用して [受注明細] テーブルを基に、次のフィールドを設定して表形式のレポートを作成しましょう。

テーブル名	選択するフィールド名
受注明細	明細ID、受注ID、数量
商品マスター	商品名、単価

Step 1 [作成] タブの [レポートウィザード] [レポートウィザード] ボタンをクリックして、レポートウィザードを起動します。

Step 2 サブレポートに必要な [受注明細] テーブルのフィールドを指定します。

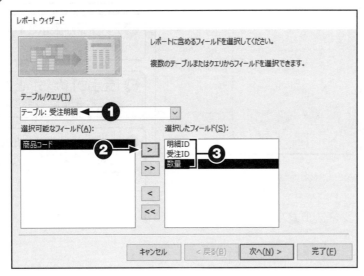

❶ [テーブル/クエリ] ボックスの▼をクリックして、[テーブル: 受注明細] をクリックします。

❷ [選択可能なフィールド] ボックスの [明細ID]、[受注ID]、[数量] の順番に [>] をクリックして移動します。

❸ [選択したフィールド] ボックスに [明細ID]、[受注ID]、および [数量] が表示されていることを確認します。

Step 3 サブレポートに必要な [商品マスター] テーブルのフィールドを指定します。

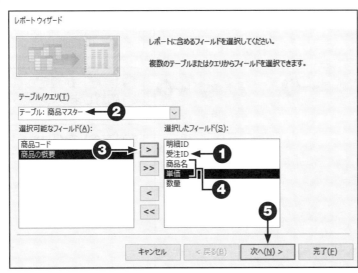

❶ [選択したフィールド] ボックスの[受注ID] をクリックします。

❷ [テーブル/クエリ] ボックスの▼をクリックして、[テーブル：商品マスター] をクリックします。

❸ [選択可能なフィールド] ボックスの[商品名]、[単価] の順番に[>] をクリックして移動します。

❹ [選択したフィールド] ボックスの[受注ID] の下に[商品名] と[単価] が表示されていることを確認します。

❺ [次へ] をクリックします。

Step 4 データの表示方法を指定します。

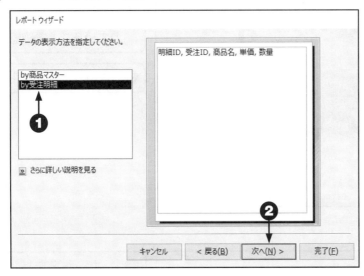

❶ [by受注明細] が選択されていることを確認します。

❷ [次へ] をクリックします。

Step 5 グループレベルの指定は行わずに、[次へ] をクリックします。

Step 6 サブレポートの並べ替えを指定します。

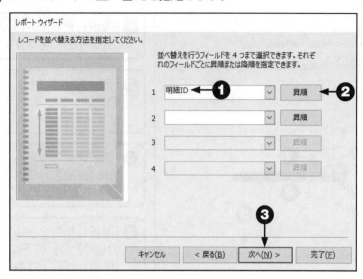

❶ [1] ボックスの▼をクリックして、[明細ID] をクリックします。

❷ [昇順] が設定されていることを確認します。

❸ [次へ] をクリックします。

Step 7 サブレポートのレイアウトと印刷の向きを指定します。

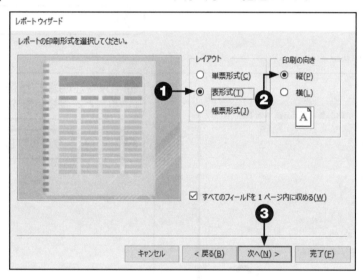

❶ [レイアウト] の [表形式] が選択されていることを確認します。

❷ [印刷の向き] の [縦] が選択されていることを確認します。

❸ [次へ] をクリックします。

Step 8 サブレポート名を指定します。

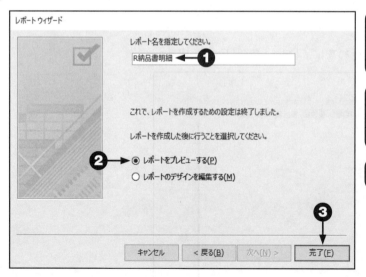

❶ [レポート名を指定してください。] ボックスに「R納品書明細」と入力します。

❷ [レポートをプレビューする] が選択されていることを確認します。

❸ [完了] をクリックします。

Step 9 サブレポートが作成されます。

❶ [受注明細] テーブルのレコードが表示されていることを確認します。

操作 サブレポートを調整する

[R納品書明細] レポートのコントロールの位置やサイズを次のように変更して、レポートを整えましょう。

変更するコントロール	変更内容
[レポートヘッダー] セクション	非表示
[ページフッター] セクション	すべてのコントロールの削除
[ページヘッダー] セクションと [詳細] セクション	グループ化
受注ID	削除
明細ID、単価、数量	コントロールの幅の変更

Step 1 [印刷プレビュー] タブの [印刷プレビューを閉じる] ボタンをクリックして、デザインビューに切り替えます。

Step 2 [レポートヘッダー] セクションを非表示にします。

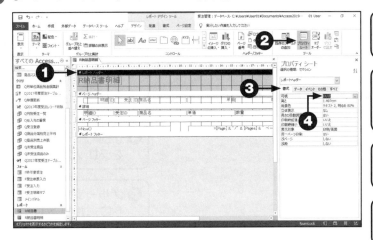

❶ [レポートヘッダー] セクションをクリックします。

❷ [プロパティシート] ボタンをクリックして、プロパティシートを表示します。

❸ [書式] タブが選択されていることを確認します。

❹ [可視] ボックスの▼をクリックして、[いいえ] をクリックします。

💡 **ヒント**
[可視] プロパティ
選択したコントロールの表示/非表示を制御します。[はい] を選択すると表示され、[いいえ] を選択すると非表示になりますが、デザインビューでは表示されます。

第5章 レポート 177

Step 3 [ページフッター] セクションのコントロールを削除します。

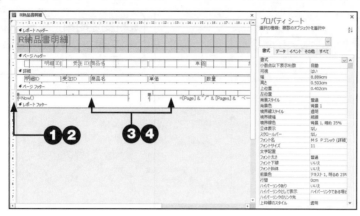

① [ページフッター] セクションの垂直ルーラーの目盛をポイントします。

② マウスポインターの形が ➡ になっていることを確認して、クリックします。

③ [ページフッター] セクションのすべてのコントロールが選択されていることを確認します。

④ Deleteキーを押します。

ヒント
複数のコントロールの選択
水平ルーラーや垂直ルーラーをクリックすると、そのマウスポインターの位置に配置されているコントロールをまとめて選択することができます。

Step 4 [ページヘッダー] セクションと [詳細] セクションのコントロールをグループ化します。

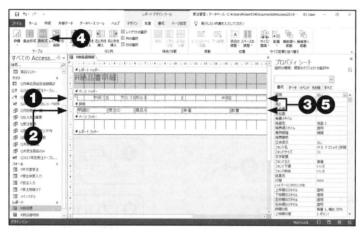

① [ページヘッダー] セクションの垂直ルーラーをポイントします。

② マウスポインターの形が ➡ になっていることを確認して、[詳細] セクションの垂直ルーラーまでドラッグします。

③ [ページヘッダー] セクションと [詳細] セクションのすべてのコントロールが選択されていることを確認します。

④ [配置] タブの [表形式] ボタンをクリックします。

⑤ グループ化され、すべてのコントロールが選択されていることを確認します。

Step 5 選択されているコントロール以外をクリックして、選択を解除します。

Step 6 [受注ID] のラベルとテキストボックスを削除します。

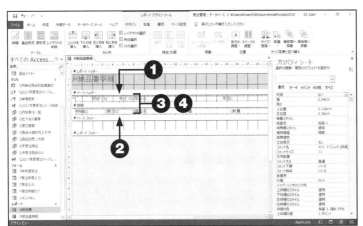

❶ [ページヘッダー] セクションの [受注ID] ラベルをクリックします。

❷ Shiftキーを押しながら[詳細] セクションの[受注ID] テキストボックスをクリックします。

❸ [受注ID] ラベルとテキストボックスに太枠線が表示されていることを確認します。

❹ Deleteキーを押します。

💡 ヒント
複数のコントロール選択後の単一のコントロール選択

複数のコントロールを選択中に、その中の1つのコントロールを選択する場合、一度、コントロール以外の箇所をクリックし、再度、選択するコントロールをクリックします。

Step 7 [明細ID] のラベルとテキストボックスのサイズを変更します。

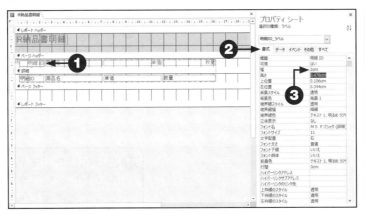

❶ [ページヘッダー] セクションの [明細ID] ラベルをクリックします。

❷ プロパティシートの [書式] タブが選択されていることを確認します。

❸ [幅] ボックスに「2」と入力して、Enterキーを押します。

Step 8 同様に、[単価] ラベルと [数量] ラベルのサイズを「2.5cm」に変更し、選択を解除します。

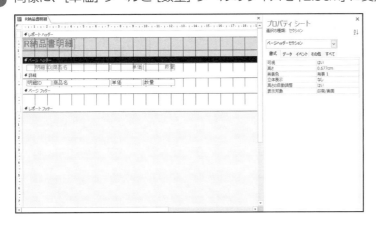

Step 9 クイックアクセスツールバーの 🖫 [上書き保存] ボタンをクリックして、[R納品書明細] レポートを上書き保存します。

第 5 章 レポート | **179**

演算コントロールの作成

フォームと同様に、レポートでもサブレポートに演算コントロールを作成し、メインレポートで参照することができます。金額などフィールド間の計算は[詳細]セクションに、レコード全体の計算は[レポートフッター]セクションに演算コントロールを作成します。

操作☞ サブレポートに演算コントロールを作成する

[R納品書明細]レポートに「単価×数量」の金額と金額の合計を計算する演算コントロールを追加しましょう。

Step 1 [単価]ラベルとテキストボックスをコピーします。

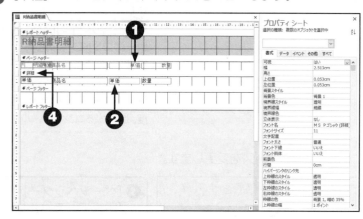

❶ [ページヘッダー]セクションの[単価]ラベルをクリックします。

❷ **Shift**キーを押しながら[詳細]セクションの[単価]テキストボックスをクリックします。

❸ **Ctrl**+**C**キーを押します。

❹ [詳細]セクションをクリックします。

❺ **Ctrl**+**V**キーを押します。

Step 2 貼り付けた[単価]ラベルとテキストボックスを、それぞれ[数量]コントロールの右に移動します。

❶ 貼り付けた[単価]ラベルとテキストボックスが選択されていることを確認して、マウスでポイントします。

❷ マウスポインターの形が になっていることを確認して、[数量]コントロールの右側にドラッグします。

Step 3 ラベルの標題を設定します。

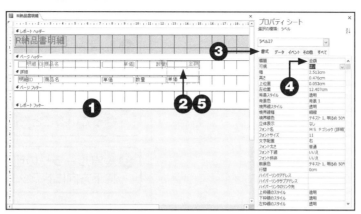

❶ 選択したコントロール以外をクリックします。

❷ [ページヘッダー] セクションの [数量] ラベルの右にある [単価] ラベルをクリックします。

❸ プロパティシートの [書式] タブが選択されていることを確認します。

❹ [標題] ボックスに「金額」と入力して、Enterキーを押します。

❺ ラベルに [金額] と表示されていることを確認します。

Step 4 コピーしたテキストボックスに [金額] という名前を設定します。

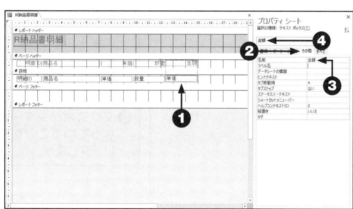

❶ [金額] ラベルの下の [詳細] セクションの [単価] テキストボックスをクリックします。

❷ プロパティシートの [その他] タブをクリックします。

❸ [名前] ボックスに「金額」と入力して、Enterキーを押します。

❹ テキストボックスの名前が変更されていることを確認します。

Step 5 テキストボックスに計算式を設定します。

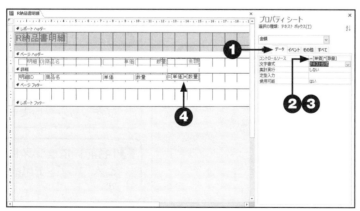

❶ プロパティシートの [データ] タブをクリックします。

❷ [コントロールソース] ボックスに「=単価*数量」と入力して、Enterキーを押します。

❸ [=[単価]*[数量]] と表示されたことを確認します。

❹ テキストボックスに [=[単価]*[数量]] と表示されていることを確認します。

Step 6 合計金額を表示する演算コントロールを作成するために、[レポートフッター] セクションのサイズを変更します。

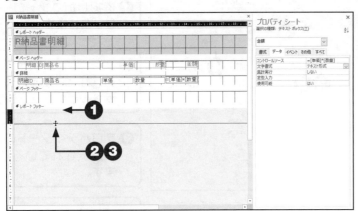

❶ [レポートフッター] セクションの下の境界線をポイントします。

❷ マウスポインターの形が ✥ になっていることを確認します。

❸ 垂直ルーラーの目盛 [1] を目安に下方向にドラッグします。

Step 7 [デザイン] タブの [コントロール] グループの ▼ [その他] ボタンをクリックして、[コントロールウィザードの使用] が選択されていないことを確認します。

Step 8 [デザイン] タブの [コントロール] グループの [テキストボックス] ボタンをクリックします。

Step 9 合計金額を表示する非連結テキストボックスを追加します。

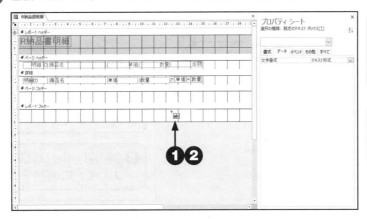

❶ [レポートフッター] セクションの水平ルーラーの目盛 [12.5]、垂直ルーラーの目盛 [0.25] の位置を目安にポイントします。

❷ マウスポインターの形が になっていることを確認して、クリックします。

Step 10 追加したラベルをクリックして、プロパティシートの [書式] タブの [標題] ボックスに「合計金額」と入力します。

Step 11 追加したテキストボックスに [合計金額] という名前を設定します。

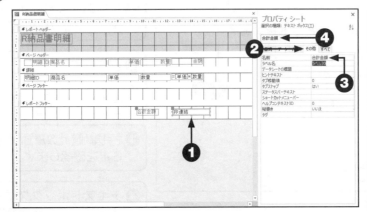

❶ 非連結テキストボックスをクリックします。

❷ プロパティシートの [その他] タブをクリックします。

❸ [名前] ボックスに「合計金額」と入力して、**Enter**キーを押します。

❹ テキストボックスの名前が変更されていることを確認します。

Step 12 テキストボックスに「=Sum([単価] * [数量])」という計算式を設定します。

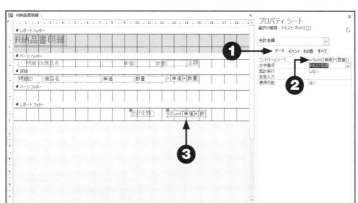

❶ プロパティシートの [データ] タブをクリックします。

❷ [コントロールソース] ボックスに「=sum(単価*数量)」と入力して、**Enter**キーを押します。

❸ テキストボックスに [=Sum ([単価]*[数量])] と表示されていることを確認します。

Step 13 テキストボックスの書式を設定します。

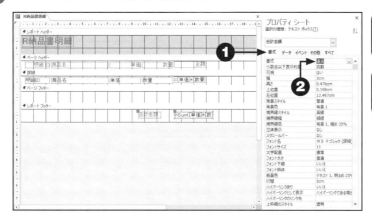

❶ プロパティシートの[書式] タブをクリックします。

❷ [書式] ボックスの▼をクリックして、[通貨] をクリックします。

Step 14 プロパティシートの ☒閉じるボタンをクリックして、プロパティシートを閉じます。

Step 15 サブレポートの幅を調整します。

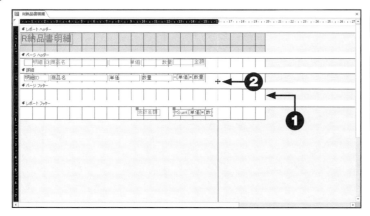

❶ 右端の境界線をポイントします。

❷ マウスポインターの形が ✢ になっていることを確認して、水平ルーラーの目盛[16] を目安に左方向にドラッグします。

第 5 章 レポート | **183**

Step 16 レポートセレクターに表示されているエラーインジケーター (緑色の三角) が表示されなくなり、☐ になっていることを確認します。

Step 17 クイックアクセスツールバーの 🖫 [上書き保存] ボタンをクリックして、[R納品書明細] レポートを上書き保存します。

Step 18 [デザイン] タブの [表示] ボタンの▼をクリックし、[印刷プレビュー] をクリックして印刷プレビューに切り替えます。

Step 19 最後のページを確認します。

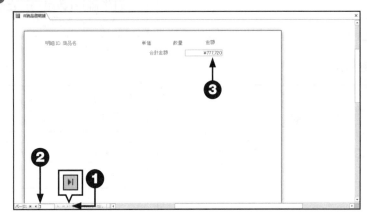

❶ [最後のページ] ボタンをクリックします

❷ 3ページが表示されていることを確認します。

❸ [合計金額] テキストボックスに [¥777,720] と表示されていることを確認します。

Step 20 ✕ 'R納品書明細' を閉じるボタンをクリックして、[R納品書明細] レポートを閉じます。

メインレポートへのサブレポートの埋め込み

納品書や請求書のように、1つの顧客に複数の明細を表示させるには、メインレポートにサブレポートを埋め込みます。リンクの設定をすることで、受注に対応した受注明細を表示させることができます。
サブレポートの [ページヘッダー] セクションと [ページフッター] セクションはメインレポートで表示することができないため、サブレポートの [ページヘッダー] セクションにあるフィールド名のラベルはメインレポートに作成します。

操作 作成したサブレポートをメインレポートに埋め込む

[R納品書] レポートに [R納品書明細] レポートを埋め込み、メインレポートを整えましょう。

Step 1 ナビゲーションウィンドウのレポートの一覧から [R納品書] を右クリックして、ショートカットメニューの [デザインビュー] をクリックし、[R納品書] レポートをデザインビューで開きます。

Step 2 [R納品書明細] レポートを [R納品書] レポートに埋め込みます。

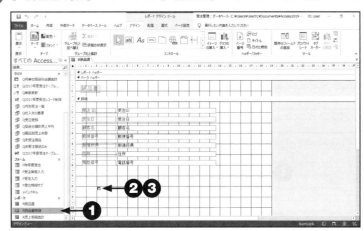

❶ ナビゲーションウィンドウのレポートの一覧から [R納品書明細] をクリックします。

❷ [R納品書] レポートの [詳細] セクションの水平ルーラーの目盛 [2]、垂直ルーラーの目盛 [8] の位置を目安にドラッグします。

❸ マウスポインターの形が 🖼 になっていることを確認して、マウスのボタンを離します。

Step 3 サブレポートフィールドリンクビルダーを起動します。

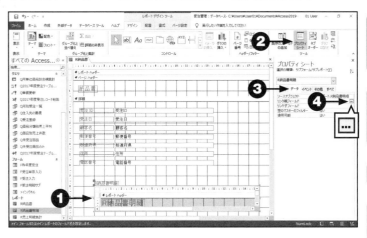

❶ サブレポート（[R納品書明細] レポート）が選択されていることを確認します。

❷ [プロパティシート] ボタンをクリックして、プロパティシートを表示します。

❸ [データ] タブをクリックします。

❹ [リンク親フィールド] ボックスをクリックし、[ビルド] ボタンをクリックします。

第5章 レポート **185**

Step 4 メインレポートとサブレポートのリンクを設定します。

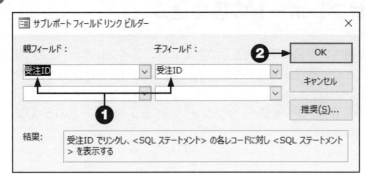

❶ [サブレポートフィールドリンクビルダー] ダイアログボックスの [親フィールド] と [子フィールド] が、それぞれ [受注ID] となっていることを確認します。

❷ [OK] をクリックします。

Step 5 メインレポートとサブレポートのリンクが設定できたことを確認します。

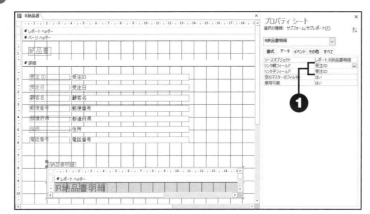

❶ [リンク親フィールド] ボックスと [リンク子フィールド] ボックスに、[受注ID] と表示されていることを確認します。

Step 6 サブレポートの印刷時拡張／縮小を設定します。

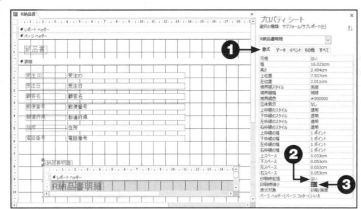

❶ プロパティシートの [書式] タブをクリックします。

❷ [印刷時拡張] ボックスに [はい] と表示されていることを確認します。

❸ [印刷時縮小] ボックスの▼をクリックして、[はい] をクリックします。

💡 **ヒント**

[印刷時拡張] プロパティと
[印刷時縮小] プロパティ

明細行が一定していない場合、印刷時に明細の行数に応じて拡張／縮小するには、[印刷時拡張] プロパティと [印刷時縮小] プロパティのいずれか、または両方に [はい] を設定します。

Step 7 プロパティシートの☒閉じるボタンをクリックして、プロパティシートを閉じます。

Step 8 サブレポートのラベル [R納品書明細] をクリックし、**Delete**キーを押して削除します。

Step 9 サブレポートのフィールド名のラベルをコピーします。

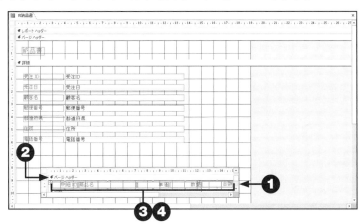

❶ サブレポートをスクロールし、[ページヘッダー] セクションを表示します。

❷ 垂直ルーラーをポイントし、マウスポインターの形が ➡ になっていることを確認して、クリックします。

❸ [ページヘッダー] セクションのすべてのコントロールが選択されていることを確認します。

❹ Ctrl+Cキーを押します。

Step 10 メインレポートに貼り付けて、位置を調整します。

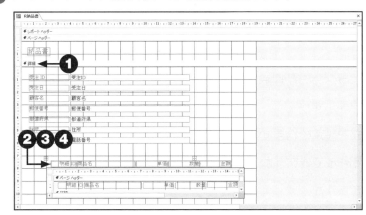

❶ メインレポートの[詳細] セクションをクリックします。

❷ Ctrl+Vキーを押します。

❸ コピーされたいずれかのコントロールをマウスでポイントします。

❹ マウスポインターの形が になっていることを確認して、サブレポートの上にドラッグします。

Step 11 クイックアクセスツールバーの [上書き保存] ボタンをクリックして、[R納品書] レポートを上書き保存します。

Step 12 [デザイン] タブの [表示] ボタンの▼をクリックし、[印刷プレビュー] をクリックして印刷プレビューに切り替えます。

Step 13 印刷プレビューで結果を確認します。

第5章 レポート | *187*

Step 14 2ページ目を表示します。

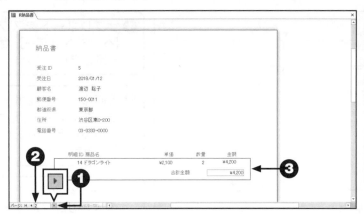

❶ [次のページ] ボタンをクリックします。

❷ レポートの2ページが表示されていることを確認します。

❸ サブレポートの高さが明細の行数に合わせて縮小されたことを確認します。

Step 15 ✕ 'R納品書' を閉じるボタンをクリックして、[R納品書] レポートを閉じます。

Step 16 ✕ 閉じるボタンをクリックして、データベース「受注管理」を閉じてAccessを終了します。

📶 この章の確認

- ☐ グループ集計レポートはどのようなものか理解できましたか？
- ☐ グループ集計レポートを作成できますか？
- ☐ レポートのコントロールに書式を設定できますか？
- ☐ レポートに演算コントロールを作成できますか？
- ☐ レポートに改ページを設定できますか？
- ☐ メイン／サブレポートはどのようなものか理解できましたか？
- ☐ メインレポートにサブレポートを追加して、メイン／サブレポートを作成できますか？
- ☐ レポートの印刷時に拡張／縮小を設定できますか？

復習問題 問題 5-1

[保存用] フォルダーのデータベース「洋菓子受注」に月ごとの売上を集計する [R売上明細集計] レポートを作成し、見やすく編集しましょう。
本章から学習を開始した場合は、[復習問題] フォルダーにあるデータベース「復習5_洋菓子受注」を開きます。

1. [Q受注登録] クエリから、[R売上明細集計] レポートに必要なフィールドを選択する「Q売上」という名前のクエリを作成しましょう。
   ・選択するフィールド名：受注日、商品名、単価、数量、金額

2. [Q売上] クエリを基にレポートを作成し、[受注日] フィールドを月ごとでグループ化し、昇順で並べ替えて、[金額] フィールドの合計で集計しましょう。

3. 次の完成例を参考に、レポートタイトルを「月別売上」に変更しましょう。

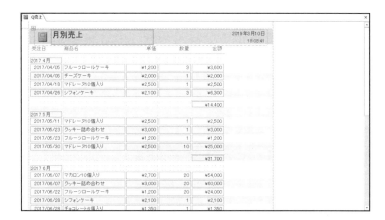

4. ［単価］フィールドの総計を計算する演算コントロールの上枠線を透明にして、コントロールを削除しましょう。

5. グループヘッダーの表示を、Format関数を使用して「yyyy年mm月」の表示にしましょう。

6. 月別で改ページされるように設定しましょう。

7. レポートを「R売上明細集計」という名前で保存して、印刷プレビューで確認して閉じましょう。

■最初のページ

■最後のページ

問題 5-2

[R納品書] レポートに詳細情報を表示するサブレポートを追加し、メイン／サブレポートを作成しましょう。

1. 次の表を参考に、レポートウィザードを使用して、[洋菓子受注明細] テーブルを基に表形式のレポートを作成しましょう。

設定項目	設定値	
	テーブル／クエリ	フィールド名
レポートに含めるフィールド	テーブル：洋菓子受注明細	明細ID、受注ID
	テーブル：商品マスター	商品名、単価
	テーブル：洋菓子受注明細	数量
データの表示方法	By 洋菓子受注明細	
グループレベル	なし	
並べ替え	明細IDの昇順	
レイアウト	表形式	
レポート名	R納品書明細	

2. デザインビューに切り替えて、[レポートヘッダー] セクションのタイトルを削除して、[レポートヘッダー] セクションを非表示に設定しましょう。

3. [ページフッター] セクションのコントロールをすべて削除しましょう。

4. [ページヘッダー] セクションと [詳細] セクションのコントロールを表形式にして、[受注ID] のラベルとテキストボックスを削除しましょう。

5. 次の表を参考に、[ページヘッダー] セクションと [詳細] セクションのラベルとテキストボックスのサイズを変更しましょう。

テキストボックスとラベル	幅
明細ID	2cm
単価	2.5cm
数量	2.5cm

6. [ページヘッダー] セクションと [詳細] セクションの [単価] ラベルとテキストボックスをコピーして貼り付け、[数量] ラベルとテキストボックスの右に移動しましょう。

7. 次の表を参考に、コピーした [単価] ラベルとテキストボックスのプロパティを変更しましょう。

	プロパティ	設定値
ラベル	標題	金額
テキストボックス	コントロールソース	単価×数量で計算
	名前	金額

8. [レポートフッター] セクションの高さを1cm程度広げ、水平ルーラーの目盛 [13]、垂直ルーラーの目盛 [0.25] の位置を目安に、次の表を参考にして合計金額を求める演算コントロールを追加しましょう。

	プロパティ	設定値
ラベル	標題	合計金額
テキストボックス	コントロールソース	Sum関数を使用し、単価×数量で計算
	書式	通貨
	幅	2.5cm
	名前	合計金額

9. プロパティシートを閉じて、レポートの幅を16cmに変更し、上書き保存して閉じましょう。

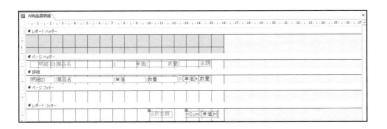

10. [R納品書] レポートの [詳細] セクションの高さを2cm程度広げ、水平ルーラーの目盛 [2]、垂直ルーラーの目盛 [7] の位置を目安に [R納品書明細] レポートを埋め込みましょう。

11. [R納品書] レポートと [R納品書明細] レポートに、[受注ID] フィールドでのリンクを設定しましょう。

12. [R納品書明細] レポートの印刷時拡張／縮小を設定して、プロパティシートを閉じましょう。

13. [R納品書明細] ラベルを削除しましょう。

14. 図を参考に、[R納品書明細] レポートのフィールド名のラベルを [R納品書] レポートにコピーし、位置を調整しましょう。

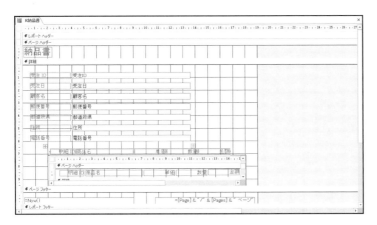

15. ［R納品書］レポートを上書き保存し、印刷プレビューで確認して閉じましょう。

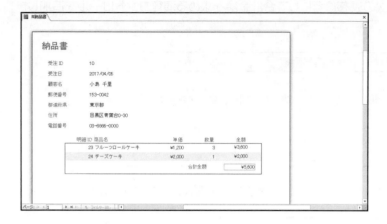

第6章

マクロ

- マクロの作成
- マクロの実行
- メインパネルの作成

マクロの作成

マクロを使用すると、さまざまな作業を自動化することができます。マクロを使用して操作を自動化することにより、複雑な操作や繰り返し行う操作が効率よくできるようになります。

たとえば、「データベース「受注管理」に受注情報を入力し、売上一覧を報告書として出力する」といった業務を行う場合、Accessの操作手順は次のようになります。

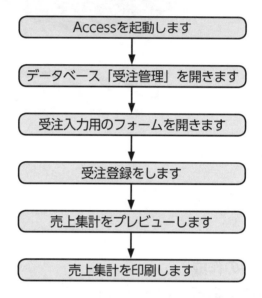

Accessを初めて使用するユーザーが、これらの操作を最初から覚えるのは大変です。受け付けた「受注情報」を入力するにはどの画面で行うか、「売上集計」を印刷するには何をすればよいか、と迷うかもしれません。
この場合、次のような操作用のフォームを用意してボタンをクリックするだけで必要な操作ができれば、だれでも簡単にデータベースを使用できます。

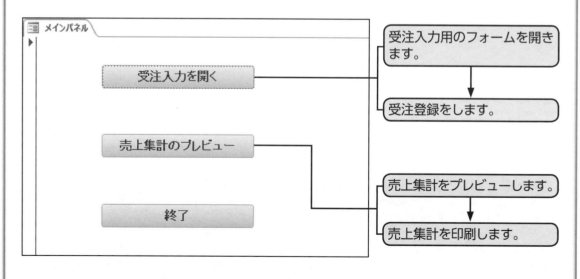

ボタンをクリックすると実行される一連の動作は「アクション」といい、「マクロ」で作成します。さまざまなマクロを組み合わせると、Accessで簡単なデータ管理システムを構築することができます。

マクロを作成する場合、ユーザーが必要な操作を簡単に行えるように、まず業務内容と操作の順序を考え、画面遷移を確認しておく必要があります。

たとえば、受注入力フォームを開いて入力した後、納品書レポートから印刷するという順序は、そのまま画面遷移になります。

■ マクロビルダー（［マクロビルダー］ウィンドウ）

マクロは「マクロビルダー（マクロのデザインビュー）」で作成および編集します。マクロビルダーで「アクション」とその「引数」を設定して、マクロを作成します。

マクロビルダーを開くには、次の方法があります。
・マクロを新規に作成する場合は、［作成］タブの［マクロ］ボタンをクリックします。
・既存のマクロを編集する場合は、ナビゲーションウィンドウで編集したいマクロを右クリックし、ショートカットメニューの［デザインビュー］をクリックします。

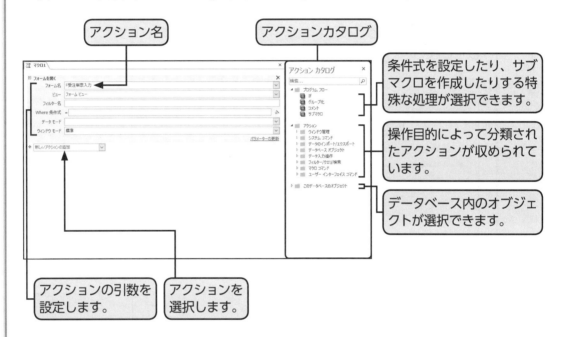

■ アクション

1つのアクションは、マクロの中で実行される1つの独立した処理です。マクロビルダーに記述されたアクションは上から順番に実行されます。アクションは、マクロビルダーに表示されるボックスの▼をクリックして一覧から選択するか、「アクションカタログ」から選択します。

ほとんどのアクションでは、そのアクションをどのように実行するかを補足する「引数」の設定が必要です。

よく使用される代表的なアクションは、次のとおりです。

アクション名	機能
フォームを開く	引数で指定するフォームを開きます。
レポートを開く	引数で指定するレポートを開きます。
ウィンドウを閉じる	引数で指定するオブジェクトを閉じます。
終了	Accessを終了します。
メッセージボックス	メッセージを表示します。
サイズ変更	オブジェクトの位置と大きさを設定します。

■ アクションの引数

アクションを実行するために必要な情報を「引数」といいます。たとえば、「フォームを開く」というアクションでは、開く対象となるフォーム名を引数として設定する必要があります。
マクロビルダーでアクションを選択すると、アクションの下に引数が表示されます。アクションによって引数の内容は異なり、省略可能なものもあります。

■ マクロのセキュリティ設定について

マクロは便利な機能ですが、入手元が不確かなデータベースのマクロを実行する場合には、「マクロウイルス」というコンピューターウイルスが含まれている可能性があり、細心の注意が必要です。Accessでは、マクロウイルスの感染を防ぐため、セキュリティ設定が用意されています。セキュリティ設定は、次の手順で確認および変更ができます。

1. [ファイル] タブをクリックして、[オプション] をクリックします。
2. [Accessのオプション] ダイアログボックスの左側の領域で [セキュリティセンター] をクリックして、[セキュリティセンターの設定] をクリックします。
3. [セキュリティセンター] ダイアログボックスの左側の領域で [マクロの設定] をクリックします。

初期設定では、マクロのセキュリティ設定は [警告を表示してすべてのマクロを無効にする] が設定されています。

マクロにデジタル署名が付いていなくても、安全なデータベースの場合は、信頼できる場所に保存して使用します。信頼できる場所は、[セキュリティセンター] ダイアログボックスの左側の領域で [信頼できる場所] をクリックすると、確認や新しい場所の追加が行えます。

💡 ヒント　**VBA (Visual Basic for Applications)**

データベースを自動化する方法として、VBA (Visual Basic for Applications) を用いて、「モジュール」を作成する方法もあります。
マクロでは、自動化したい操作を選択するだけですが、VBAを使用する場合には、プログラミング知識が必要になります。
マクロで指定できない複雑な操作を自動化させたり、アプリケーション独自の関数を作成するような場合には、VBAを使用します。

操作☞ マクロビルダーでマクロを作成する

[F受注単票入力] フォームを開くマクロを作成して、「受注単票入力フォームを開く」という名前を付けて保存しましょう。

Step 1 [保存用] フォルダーにあるデータベース「受注管理」を開きます。本章から学習を開始する場合は、[Access2019応用] フォルダーにあるデータベース「6章_受注管理」を開きます。

Step 2 マクロを新規に作成します。

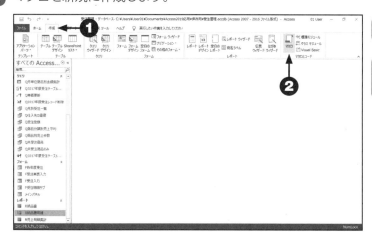

① [作成] タブをクリックします。

② [マクロ] ボタンをクリックします。

Step 3 アクションを設定します。

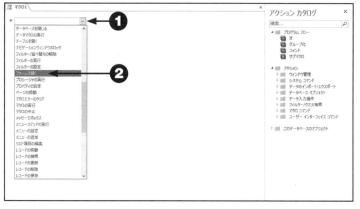

① [新しいアクションの追加] ボックスの▼をクリックします。

② [フォームを開く] をクリックします。

💡 ヒント
アクションの選択

アクションカタログの [データベースオブジェクト] をクリックし、一覧から [フォームを開く] をダブルクリックしてもアクションを設定することができます。

Step 4 アクションの引数を設定します。

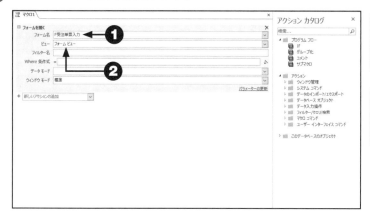

① [フォーム名] ボックスの▼をクリックして、[F受注単票入力] をクリックします。

② [ビュー] ボックスに [フォームビュー] と表示されていることを確認します。

第6章 マクロ | 197

Step 5 マクロに名前を付けて保存します。

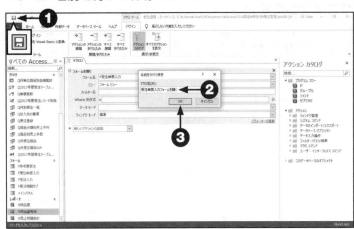

❶ クイックアクセスツールバーの[上書き保存]ボタンをクリックします。

❷ [名前を付けて保存] ダイアログボックスの [マクロ名] ボックスに「受注単票入力フォームを開く」と入力します。

❸ [OK] をクリックします。

Step 6 ✕ '受注単票入力フォームを開く' を閉じるボタンをクリックして、[受注単票入力フォームを開く] マクロを閉じます。

ヒント 条件式の利用

条件式を利用したマクロを作成することもできます。条件式を利用するには、[新しいアクションの追加] ボックスで [If] をクリックするか、アクションカタログの [If] をダブルクリックします。
[If] ボックスにアクションの実行条件となる論理式を入力し、[新しいアクションの追加] ボックスの▼をクリックして、アクションを選択します。
条件式の結果が [真] の場合は、アクションが実行されます。[偽] の場合は、実行されずに次の行のアクションへ進みます。[偽] の場合に別のアクションを実行させたい場合には、[Elseの追加] や [Else Ifの追加] をクリックし、別のアクションを指定します。

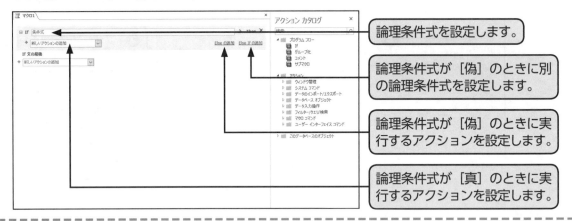

論理条件式を設定します。

論理条件式が [偽] のときに別の論理条件式を設定します。

論理条件式が [偽] のときに実行するアクションを設定します。

論理条件式が [真] のときに実行するアクションを設定します。

マクロの実行

作成したマクロは、さまざまな方法で実行することができます。

マクロは次のような方法で実行することができます。

・ナビゲーションウィンドウでマクロをダブルクリックします。
・[データベースツール] タブの [マクロの実行] ボタンをクリックします。
・実行したいマクロをデザインビューで開き、[デザイン] タブの [実行] ボタンをクリックします。
・ボタンやメニューへマクロを割り当て、実行します。
・データベース起動時に自動的に実行します。

マクロをボタンやメニューに割り当てて実行すると、目的のフォームやレポートを開いたり閉じたりする手段として非常に役立ちます。マクロが実行されるボタンを「コマンドボタン」といいます。ボタンにマクロを割り当てるには、プロパティシートの [イベント] タブで設定します。
[イベント] タブには、プログラミングを簡単にするためにさまざまなイベントが用意されており、目的のイベントにマクロを割り当て、イベントの操作を行ったときに、マクロが実行されます。

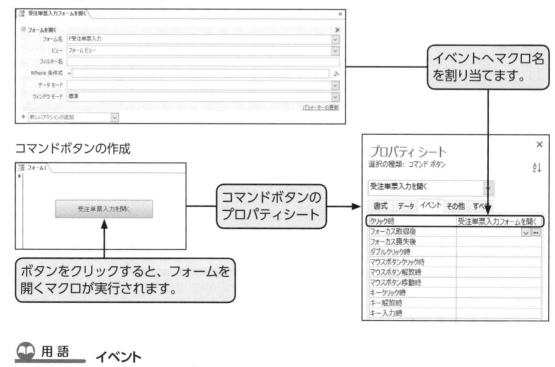

用語
イベント
マウスによるクリックやキー操作、データの更新など、オブジェクトによって認識される出来事で、応答方法が設定できる操作を「イベント」といいます。

第6章 マクロ　**199**

また、イベントからマクロビルダーを選択してマクロを作成することもできます。
マクロビルダーは、次の手順で設定します。

1. プロパティシートの [イベント] タブのイベントをクリックして、 [ビルド] ボタンをクリックします。
2. [ビルダーの選択] ダイアログボックスの [マクロビルダー] をクリックし、マクロを作成して保存します。
3. マクロビルダーを閉じると、選択したイベントにマクロが割り当てられ、[埋め込みマクロ] と表示されます。

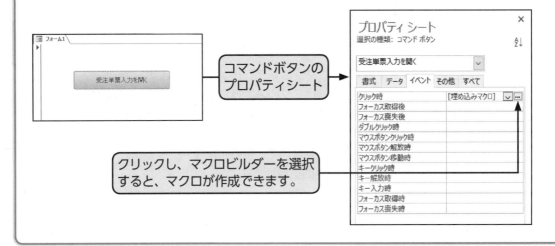

操作 👉 ナビゲーションウィンドウからマクロを実行する

ナビゲーションウィンドウから [受注単票入力フォームを開く] マクロを実行しましょう。

Step 1 マクロを実行します。

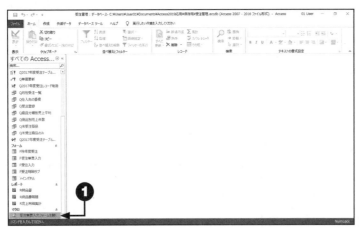

❶ ナビゲーションウィンドウのマクロの一覧から [受注単票入力フォームを開く] をダブルクリックします。

💡 ヒント
ナビゲーションウィンドウのオブジェクトの表示
目的のオブジェクトが表示されていない場合は、スクロールバーを使用して表示します。
また、ナビゲーションウィンドウの幅によって、オブジェクト名がすべて表示されていない場合、オブジェクトにマウスポインターを合わせると、オブジェクトの名前がポップアップ表示されます。

Step 2 マクロが実行されて [F受注単票入力] フォームが開いていることを確認します。

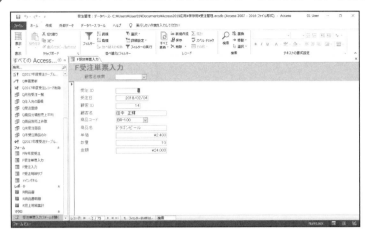

Step 3 × 'F受注単票入力' を閉じるボタンをクリックして、[F受注単票入力] フォームを閉じます。

操作 フォームを閉じるコマンドボタンを作成する

[F受注入力] フォームにコマンドボタンを作成して、マクロビルダーを使用してフォームを閉じるマクロを割り当てましょう。

Step 1 ナビゲーションウィンドウのフォームの一覧から [F受注入力] を右クリックして、ショートカットメニューの [デザインビュー] をクリックし、[F受注入力] フォームをデザインビューで開きます。

Step 2 [フォームフッター] セクションのサイズを変更します。

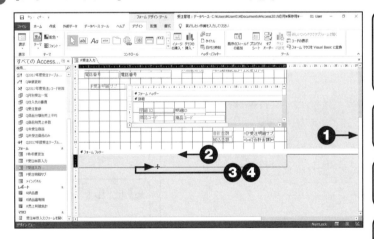

❶ [フォームフッター] セクションが表示されるまで垂直スクロールバーを下方向にドラッグします。

❷ [フォームフッター] セクションの下の境界線をポイントします。

❸ マウスポインターの形が ✥ になっていることを確認します。

❹ 垂直ルーラーの目盛[1] を目安に下方向にドラッグします。

Step 3 [デザイン] タブの [コントロール] グループの ▼ [その他] ボタンをクリックして、[コントロールウィザードの使用] が選択されていないことを確認します。

Step 4 コマンドボタンを作成します。

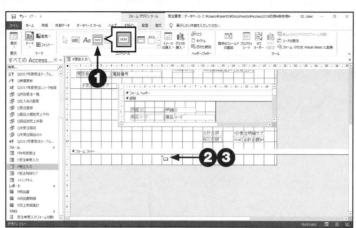

❶ [ボタン] ボタンをクリックします。

❷ [フォームフッター] セクションの水平ルーラーの目盛 [9]、垂直ルーラーの目盛 [0.25] の位置を目安にポイントします。

❸ マウスポインターの形が ⁺▫ になっていることを確認して、クリックします。

Step 5 プロパティシートを表示します。

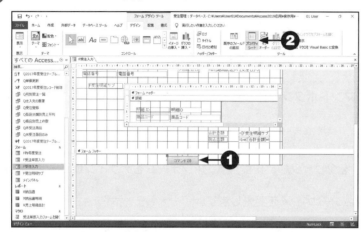

❶ 追加したボタンが選択されていることを確認します。

❷ [プロパティシート] ボタンをクリックします。

Step 6 [ビルダーの選択] ダイアログボックスを開きます。

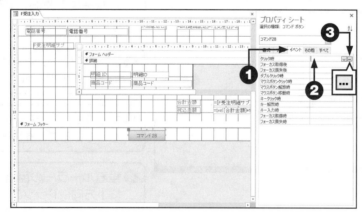

❶ プロパティシートの [イベント] タブをクリックします。

❷ [クリック時] ボックスをクリックします。

❸ [ビルド] ボタンをクリックします。

Step 7 マクロビルダーを開きます。

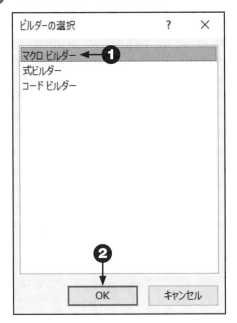

❶ [ビルダーの選択] ダイアログボックスの [マクロビルダー] が選択されていることを確認します。

❷ [OK] をクリックします。

Step 8 アクションを設定します。

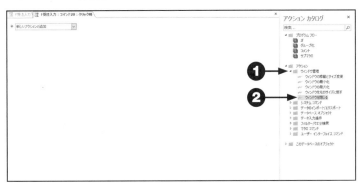

❶ アクションカタログの [アクション] の [ウィンドウ管理] の左の ▶ をクリックします。

❷ [ウィンドウを閉じる] をダブルクリックします。

Step 9 アクションの引数を設定します。

❶ [オブジェクトの種類] ボックスの▼をクリックして、[フォーム] をクリックします。

❷ [オブジェクト名] ボックスの▼をクリックして、[F受注入力] をクリックします。

💡 **ヒント**
[オブジェクトの保存] ボックス
編集モードの場合に、該当のフォームを閉じるとき、その変更を保存するかしないかを確認する指定ができます。

Step 10 クイックアクセスツールバーの 🖫 [上書き保存] ボタンをクリックして、マクロを上書き保存します。

Step 11 [デザイン] タブの ⊠ [閉じる] ボタンをクリックして、マクロビルダーを閉じます。

Step 12 イベントにマクロが割り当てられていることを確認します。

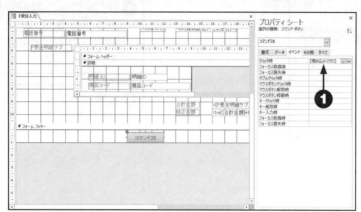

❶ [クリック時] ボックスに [[埋め込みマクロ]] と表示されていることを確認します。

Step 13 ボタンの標題を設定します。

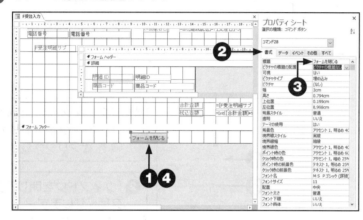

❶ 作成したボタンが選択されていることを確認します。

❷ プロパティシートの [書式] タブをクリックします。

❸ [標題] ボックスに「フォームを閉じる」と入力して、Enterキーを押します。

❹ ボタンの標題が変更されていることを確認します。

Step 14 ボタンの名前を変更します。

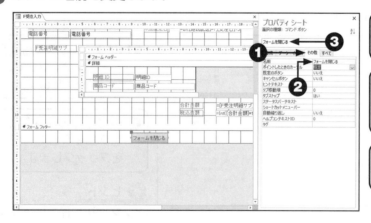

❶ プロパティシートの [その他] タブをクリックします。

❷ [名前] ボックスに「フォームを閉じる」と入力して、Enterキーを押します。

❸ ボタンの名前が変更されていることを確認します。

Step 15 プロパティシートの ☒ 閉じるボタンをクリックして、プロパティシートを閉じます。

Step 16 クイックアクセスツールバーの 🖫 [上書き保存] ボタンをクリックして、[F受注入力] フォームを上書き保存します。

Step 17 [デザインタブ]の[表示]ボタンをクリックして、フォームビューに切り替えます。

Step 18 [フォームを閉じる]ボタンをクリックして動作を確認します。

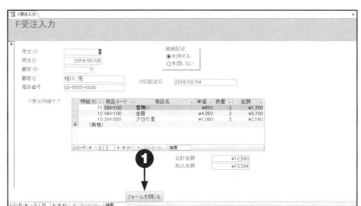

❶ [フォームを閉じる] ボタンをクリックします。

Step 19 [F受注入力]フォームが閉じることを確認します。

ヒント　コマンドボタンウィザードを利用したマクロの割り当て
[コントロールウィザードの使用]が選択されている状態でボタンを作成すると、コマンドボタンウィザードが起動し、対話形式で埋め込みマクロを作成することができます。

重要　埋め込みマクロ
プロパティシートの[ビルド]ボタンをクリックしてマクロを作成すると、埋め込みマクロになります。埋め込みマクロは、フォームやレポートに保存されるため、コピーやインポートをすると埋め込みマクロも含まれます。埋め込みマクロはナビゲーションウィンドウには表示されません。

第6章　マクロ

メインパネルの作成

空のフォームにボタンを配置して、データベースの起動時に開く「メインパネル」または「メインメニュー」と呼ばれる操作パネルを作成することができます。操作パネルのボタンをクリックするだけでさまざまな作業ができるように設定しておくと、Accessの操作を習得していないユーザーでも簡単にデータベースを使用して作業が行えます。

ここでは、メインパネルを次の手順で作成しますが、フォームとボタンは既に作成しているため、3.のサブマクロから作成します。

1. フォームをデザインビューで作成します。
2. コマンドボタンを作成します。
3. サブマクロを作成します。
4. コマンドボタンにマクロを割り当てます。
5. 起動時の設定をします。

■ サブマクロの作成

マクロビルダーで「サブマクロ」を作成します。サブマクロを利用すると、関連したマクロを1つのグループとしてまとめることができます。

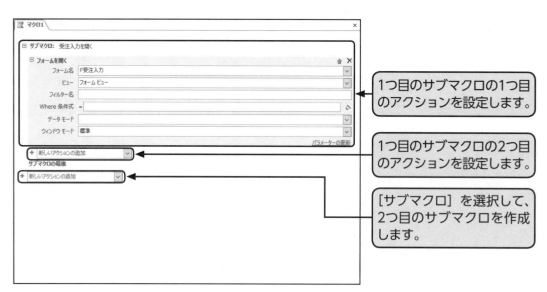

💡 **ヒント**　**マクロの名前**
データベースにマクロが複数ある場合、動作と関連した名前を付けると区別しやすくなります。

■ メインパネルの作成

[メインパネル] フォームを作成し、コマンドボタンを追加して、マクロのサブマクロを割り当てます。Accessの起動時に [メインパネル] フォームが開き、ナビゲーションウィンドウが非表示になるように設定します。

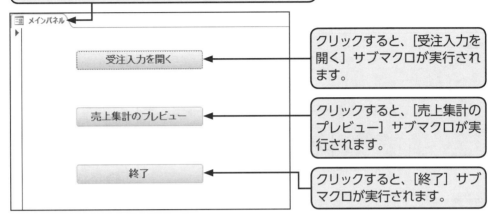

サブマクロの作成

マクロオブジェクトの数が多くなると、管理が煩雑になります。多くのマクロを作成する場合は、関連したマクロを1つのグループとして作成して、まとめて管理することができます。

マクロをグループとして管理するには、マクロビルダーに複数のマクロを作成して、1つのマクロオブジェクトとして保存します。1つのマクロビルダーに作成された個々のマクロを「サブマクロ」といいます。
サブマクロを作成するには、マクロビルダー内にサブマクロとして、1つ1つのマクロを区別できるように、個別のサブマクロ名を付ける必要があります。名前を付けて保存するときに命名するマクロに、複数のサブマクロが作成されることになります。

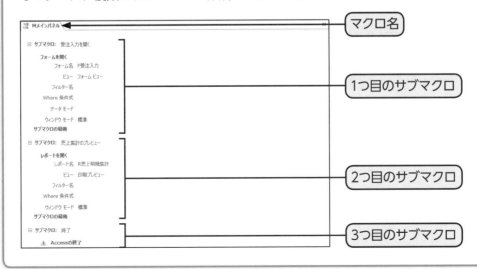

第6章 マクロ 207

操作 マクロを設定するフォームを確認する

既存の[メインパネル]フォームを表示し、ボタンの名前を確認しましょう。

Step 1 ナビゲーションウィンドウのフォームの一覧から[メインパネル]を右クリックして、ショートカットメニューの[デザインビュー]をクリックし、[メインパネル]フォームをデザインビューで開きます。

Step 2 [メインパネル]フォームの各ボタンの名前をプロパティシートで確認します。

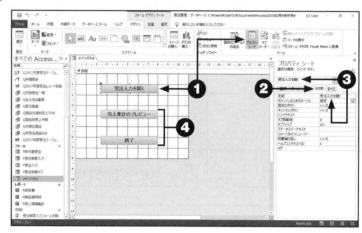

❶ [受注入力を開く]ボタンをクリックして、[プロパティシート]ボタンをクリックします。

❷ プロパティシートの[その他]タブをクリックします。

❸ [名前]ボックスに[受注入力を開く]と表示されていることを確認します。

❹ 同様に、[売上集計のプレビュー]ボタンと[終了]ボタンの名前も確認します。

Step 3 ✕ 'メインパネル'を閉じるボタンをクリックして、[メインパネル]フォームを閉じます。

操作 サブマクロを作成する

[メインパネル]フォームを操作するために、次のサブマクロを作成し、「Mメインパネル」という名前で保存しましょう。

サブマクロ名	アクション	アクションの引数
受注入力を開く	フォームを開く	フォーム名：F受注入力
売上集計のプレビュー	レポートを開く	レポート名：R売上明細集計 ビュー：印刷プレビュー
終了	Accessの終了	オプション：すべて保存

Step 1 [作成]タブの [マクロ]ボタンをクリックして、マクロを新規に作成します。

Step 2 1つ目のサブマクロを作成します。

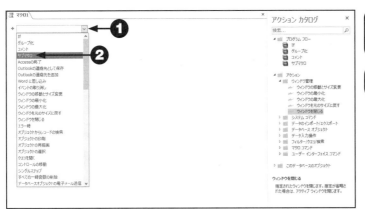

❶ [新しいアクションの追加] ボックスの▼をクリックします。

❷ [サブマクロ] をクリックします。

Step 3 1つ目のサブマクロ名を入力します。

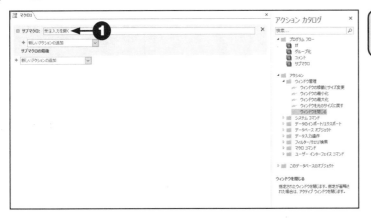

❶ [サブマクロ] ボックスに「受注入力を開く」と入力します。

Step 4 1つ目のアクションと引数を設定します。

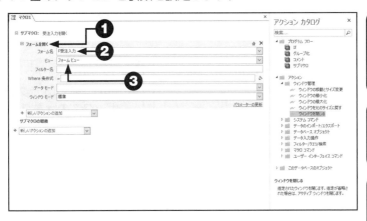

❶ [サブマクロ] の [新しいアクションの追加] ボックスの▼をクリックして、[フォームを開く] をクリックします。

❷ [フォーム名] ボックスの▼をクリックして、[F受注入力] をクリックします。

❸ [ビュー] ボックスに [フォームビュー] と表示されていることを確認します。

第6章 マクロ **209**

Step 5 2つ目のサブマクロ名を入力します。

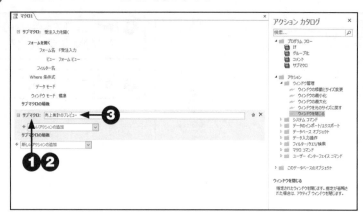

❶ [サブマクロの最後] の下の [新しいアクションの追加] ボックスの▼をクリックします。

❷ [サブマクロ] をクリックします。

❸ [サブマクロ] ボックスに「売上集計のプレビュー」と入力します。

Step 6 2つ目のアクションと引数を設定します。

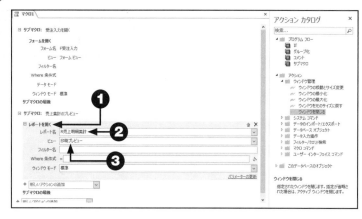

❶ [売上集計のプレビュー] サブマクロの [新しいアクションの追加] ボックスの▼をクリックして、[レポートを開く] をクリックします。

❷ [レポート名] ボックスの▼をクリックして、[R売上明細集計] をクリックします。

❸ [ビュー] ボックスの▼をクリックして、[印刷プレビュー] をクリックします。

Step 7 3つ目のサブマクロ名を入力します。

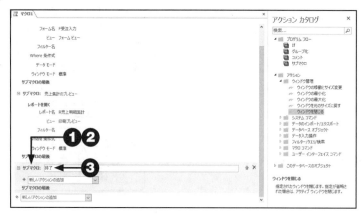

❶ 2つ目の [サブマクロの最後] の下の [新しいアクションの追加] ボックスの▼をクリックします。

❷ [サブマクロ] をクリックします。

❸ [サブマクロ] ボックスに「終了」と入力します。

Step 8 3つ目のアクションの設定と引数を設定します。

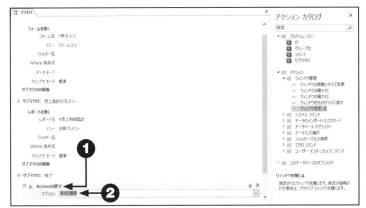

❶ [終了] サブマクロの[新しいアクションの追加] ボックスの▼をクリックして、[Accessの終了] をクリックします。

❷ [オプション] ボックスに [すべて保存] と表示されていることを確認します。

💡 ヒント
[オプション]ボックス
[オプション]ボックスの引数には、Accessの終了時に、未保存のオブジェクトがある場合、どのように処理するかを設定します。オブジェクトごとに、保存するかどうかをメッセージを表示して確認する場合は[確認]を、メッセージを表示せずにすべてのオブジェクトを保存する場合は[すべて保存]を、オブジェクトを保存しないで終了する場合は[終了]を設定します。

Step 9 マクロに名前を付けて保存します。

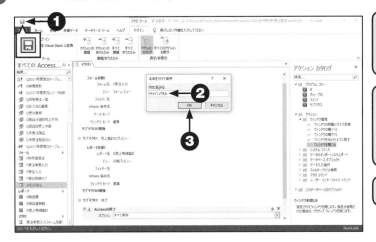

❶ クイックアクセスツールバーの[上書き保存] ボタンをクリックします。

❷ [名前を付けて保存] ダイアログボックスの[マクロ名] ボックスに「Mメインパネル」と入力します。

❸ [OK] をクリックします。

Step 10 × 'Mメインパネル' を閉じるボタンをクリックして、[Mメインパネル] マクロを閉じます。

ボタンへのマクロの割り当て

マクロをボタンのイベントに割り当てて実行すると、目的のフォームやレポートを開くなど日常行う業務の操作を簡単にすることができます。

操作☞ メインパネルのボタンへマクロを割り当てる

既存の[メインパネル]フォームの各ボタンに、作成したマクロを次のように割り当てましょう。

ボタン名	サブマクロ名
受注入力を開く	Mメインパネル.受注入力を開く
売上集計のプレビュー	Mメインパネル.売上集計のプレビュー
終了	Mメインパネル.終了

Step 1 ナビゲーションウィンドウのフォームの一覧から[メインパネル]を右クリックして、ショートカットメニューの[デザインビュー]をクリックし、[メインパネル]フォームをデザインビューで開きます。

Step 2 [受注入力を開く]ボタンにマクロを割り当てます。

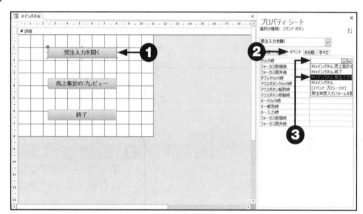

❶ [受注入力を開く]ボタンをクリックします。

❷ プロパティシートの[イベント]タブをクリックします。

❸ [クリック時]ボックスの▼をクリックして、[Mメインパネル.受注入力を開く]をクリックします。

💡 **ヒント**
マクロ内のサブマクロ名
マクロに登録されているサブマクロは、マクロ名とサブマクロ名がピリオド(.)で区切られて表示されます。

Step 3 同様に、次のようにボタンにサブマクロを割り当てます。

ボタン名	[クリック時]ボックスの設定
売上集計のプレビュー	Mメインパネル.売上集計のプレビュー
終了	Mメインパネル.終了

Step 4 プロパティシートの☒閉じるボタンをクリックして、プロパティシートを閉じます。

Step 5 クイックアクセスツールバーの🖫[上書き保存]ボタンをクリックして、[メインパネル]フォームを上書き保存します。

操作 ボタンの動作を確認する

[メインパネル] フォームの3つのボタンに割り当てたマクロの動作を確認しましょう。

Step 1 [デザイン] タブの [表示] ボタンをクリックして、フォームビューに切り替えます。

Step 2 [F受注入力] フォームを開きます。

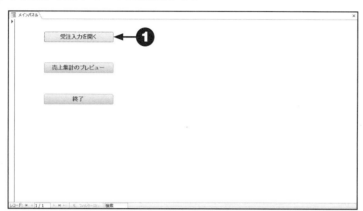

❶ [受注入力を開く] ボタンをクリックします。

Step 3 [F受注入力] フォームがフォームビューで開いていることを確認します。

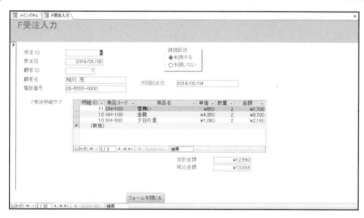

Step 4 ボタンをクリックして、[F受注入力] フォームを閉じます。

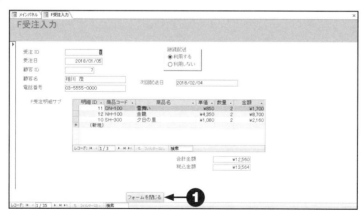

❶ [フォームを閉じる] ボタンをクリックします。

Step 5 [F受注入力] フォームが閉じて、[メインパネル] フォームが開いていることを確認します。

Step 6 [売上集計のプレビュー] ボタンをクリックして、[R売上明細集計] レポートが印刷プレビューで開いていることを確認します。

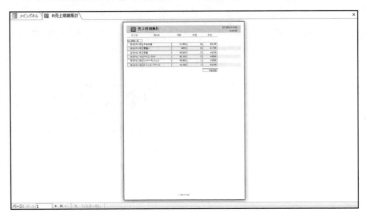

Step 7 [印刷プレビュー] タブの [印刷プレビューを閉じる] ボタンをクリックします。

Step 8 [メインパネル] フォームが開いていることを確認し、[終了] ボタンをクリックして、Accessが終了することを確認します。

Step 9 Accessを起動して、[Access2019応用] フォルダーの [保存用] フォルダーのデータベース「受注管理」を開きます。
この章から学習を開始した場合は、[Access2019応用] フォルダーにあるデータベース「6章_受注管理」を開きます (以降の操作でも同様です)。

起動時の設定

データベースを開くとき、次の2つの項目が設定されていると自動的に実行されます。
・[Accessのオプション] ダイアログボックスの [現在のデータベース] の設定
・AutoExecマクロ

[Accessのオプション] ダイアログボックスの [現在のデータベース] の設定とAutoExecマクロの両方が設定されている場合には、まず初めに [Accessのオプション] ダイアログボックスの [現在のデータベース] の設定が実行され、次に [AutoExec] という名前のマクロが実行されます。

■ [Accessのオプション]ダイアログボックスの[現在のデータベース]の設定

[Accessのオプション] ダイアログボックスの [現在のデータベース] の設定を使用すると、データベースを開いたときに最初に開くフォームを指定したり、ナビゲーションウィンドウを非表示にしたりすることができます。

■ AutoExecマクロ

マクロに「AutoExec」という名前を付けると、そのマクロはデータベースを開くときに自動的に実行されます。たとえば、「データベースを開いたときに、新規レコードに移動してデータが入力できる状態でフォームを開く」というような設定ができます。

操作 起動時に開くフォームを設定する

データベース「受注管理」を開くと、自動的に [メインパネル] フォームが開き、ナビゲーションウィンドウが非表示になるように設定しましょう。

Step 1 [Accessのオプション] ダイアログボックスを開きます。

❶ [ファイル] タブをクリックします。

❷ [オプション] をクリックします。

Step 2 起動時の設定をします。

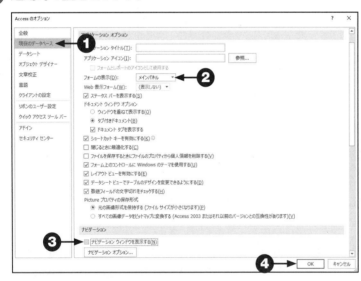

❶ [現在のデータベース] をクリックします。

❷ [フォームの表示] ボックスの▼をクリックして、[メインパネル] をクリックします。

❸ [ナビゲーション] の [ナビゲーションウィンドウを表示する] チェックボックスをオフにします。

❹ [OK] をクリックします。

Step 3 メッセージを確認して、[OK] をクリックします。

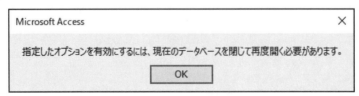

操作 起動時の設定を確認する

データベースを開いて、起動時の設定を確認しましょう。

Step 1 [ファイル] タブをクリックして [閉じる] をクリックし、データベース「受注管理」を閉じて、再度開きます。

Step 2 データベース「受注管理」が開き、[メインパネル] フォームが開いていることを確認します。

Step 3 × 'メインパネル' を閉じるボタンをクリックして、[メインパネル] フォームを閉じます。

Step 4 ナビゲーションウィンドウが開いていないことを確認します。

Step 5 ナビゲーションウィンドウを開きます。

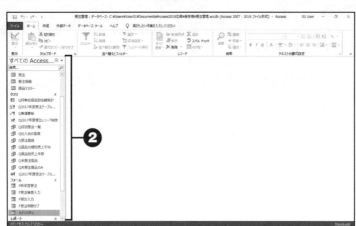

❶ F11キーを押します。

❷ ナビゲーションウィンドウが開いていることを確認します。

> 💡 **ヒント**
> **ナビゲーションウィンドウの表示**
> ナビゲーションウィンドウが非表示になっていたり、他のウィンドウの後ろに隠れている場合には、**F11**キーを押すと表示されます。

Step 6 ✕閉じるボタンをクリックして、データベース「受注管理」を閉じてAccessを終了します。

> 💡 **ヒント** **[現在のデータベース]の設定とAutoExecマクロの回避**
> データベースを開くときに実行される[現在のデータベース]の設定とAutoExecマクロは、**Shift**キーを押しながらデータベースを開くことで、無効にすることができます。

📶 この章の確認

- ☐ マクロについて理解できましたか？
- ☐ アクションカタログについて理解できましたか？
- ☐ フォームを開くマクロを作成できますか？
- ☐ 作成したマクロを実行できますか？
- ☐ フォームにコマンドボタンを作成できますか？
- ☐ マクロビルダーを使用してマクロを埋め込むことができますか？
- ☐ フォームを閉じるマクロを作成できますか？
- ☐ サブマクロについて理解できましたか？
- ☐ サブマクロを作成することができますか？
- ☐ コマンドボタンにマクロを割り当てることができますか？
- ☐ データベースを開いたときに指定したフォームを開くように設定できますか？

問題 6-1

[保存用] フォルダーのデータベース「洋菓子受注」にマクロを作成し、動作を確認しましょう。さらに、サブマクロを含むマクロを作成し、[メインパネル] フォームのボタンにマクロを割り当て、データベース「洋菓子受注」を開くと、[メインパネル] フォームが開くように設定しましょう。
本章から学習を開始した場合は、[復習問題] フォルダーにあるデータベース「復習6_洋菓子受注」を開きます。

1. [F顧客入力] フォームをフォームビューで開くマクロを作成し、「M顧客フォームを開く」という名前で保存して閉じましょう。

2. ナビゲーションウィンドウから作成したマクロを実行して動作を確認し、フォームを閉じましょう。

3. [F洋菓子受注入力] フォームの [フォームフッター] セクションの高さを1cm程度広げ、水平ルーラーの目盛 [9] の位置を目安にコマンドボタンを作成しましょう。

4. 次の表を参考に、コマンドボタンのプロパティを設定しましょう。

プロパティ	設定値
標題	フォームを閉じる
クリック時	マクロビルダーを使用し、[F洋菓子受注入力] フォームを閉じるマクロの埋め込み
名前	フォームを閉じる

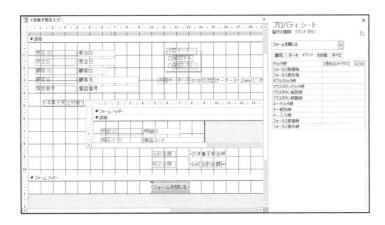

5. プロパティシートを閉じてフォームを上書き保存し、フォームビューに切り替えてマクロの動作を確認しましょう。

6. 次の表を参考に、サブマクロを含むマクロを作成し、「Mメインパネル」という名前で保存して、マクロビルダーを閉じましょう。

サブマクロ名	内容
洋菓子受注入力を開く	[F洋菓子受注入力] フォームをフォームビューで開くマクロ
売上集計のプレビュー	[R売上明細集計] レポートを印刷プレビューで開くマクロ
終了	Accessを終了するときに保存を確認するマクロ

7. ［メインパネル］フォームのコマンドボタンのイベントに、［Mメインパネル］マクログループの3つのマクロを［クリック時］プロパティに割り当てましょう。

コマンドボタン名	［クリック時］プロパティに割り当てるサブマクロ名
洋菓子受注入力を開く	Mメインパネル.洋菓子受注入力を開く
売上集計のプレビュー	Mメインパネル.売上集計のプレビュー
終了	Mメインパネル.終了

8. プロパティシートを閉じてフォームを上書き保存し、［洋菓子受注入力を開く］と［売上集計のプレビュー］ボタンの動作を確認しましょう。確認後、開いたフォームやレポートは閉じましょう。

9. フォームの［終了］ボタンをクリックして、Accessが終了することを確認した後、Accessを起動して、［保存用］フォルダーのデータベース「洋菓子受注」（本章から学習を開始した場合は、［復習問題］フォルダーのデータベース「復習6_洋菓子受注」）を開きましょう。

10. データベースを開くと自動的に［メインパネル］フォームが開き、ナビゲーションウィンドウが非表示になるように設定しましょう。

11. データベースを閉じて、［保存用］フォルダーのデータベース「洋菓子受注」（本章から学習を開始した場合は、［復習問題］フォルダーのデータベース「復習6_洋菓子受注」）を開いて、動作を確認しましょう。

12. ナビゲーションウィンドウを開いて、［メインパネル］フォームを閉じましょう。

第7章

Accessの便利な活用法

- ▰ オブジェクト名とフィールド名の変更
- ▰ データベースのバックアップ
- ▰ オブジェクトの依存関係の確認方法

オブジェクト名とフィールド名の変更

オブジェクトを作成した後で、オブジェクト名やフィールド名を何らかの理由で変更した場合、そのオブジェクトやフィールドを参照しているフォームやクエリなどの情報は、自動的に更新されます。

ここでは、参照元となるテーブル名やフィールド名を確認する方法について説明します。

■ クエリの参照元のテーブル名とフィールド名

クエリの参照元のテーブル名は、デザインビューで表示されるフィールドリストのタイトルバーとデザイングリッドの [テーブル] 行で確認できます。また、フィールド名は、[フィールド] 行で確認することができます。

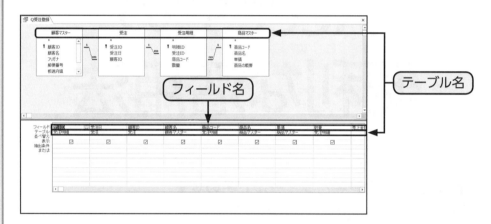

■ フォームの参照元のテーブル名とフィールド名

フォームの参照元のテーブル名は、フォームの [レコードソース] プロパティで確認できます。フィールド名は、コントロールの [コントロールソース] プロパティで確認することができます。

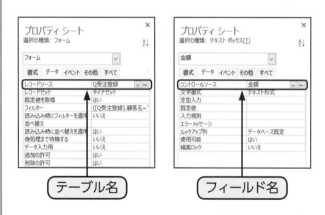

ヒント　レポートの参照元のテーブル名とフィールド名

レポートの参照元のテーブル名とフィールド名も、フォームと同様に、レポートの [レコードソース] プロパティとコントロールの [コントロールソース] プロパティで確認することができます。

操作 クエリ名とフィールド名を変更する

[Q受注登録] クエリの名前と [金額] フィールドの名前を次のように変更しましょう。

現在の名前	変更後の名前
[金額] フィールド	[売上金額] フィールド
[Q受注登録] クエリ	[Q受注リスト] クエリ

Step 1 [保存用] フォルダーにあるデータベース「受注管理」を開きます。本章から学習を開始する場合は、[Access2019応用] フォルダーにあるデータベース「7章_受注管理」を開きます。

Step 2 ×'メインパネル' を閉じるボタンをクリックして、[メインパネル] フォームを閉じます。

Step 3 F11キーを押して、ナビゲーションウィンドウを開きます。

Step 4 ナビゲーションウィンドウのフォームの一覧から [F受注単票入力] を右クリックして、ショートカットメニューの [デザインビュー] をクリックし、[F受注単票入力] フォームをデザインビューで開きます。

Step 5 レコードソースを確認します。

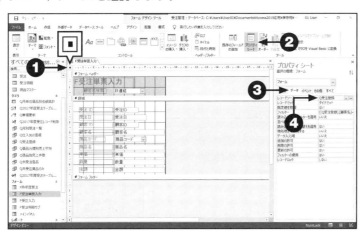

❶ ■ フォームセレクターが選択されていることを確認します。

❷ [プロパティシート] ボタンをクリックして、プロパティシートを表示します。

❸ [データ] タブをクリックします。

❹ [レコードソース] ボックスに [Q受注登録] と表示されていることを確認します。

Step 6 コントロールソースを確認します。

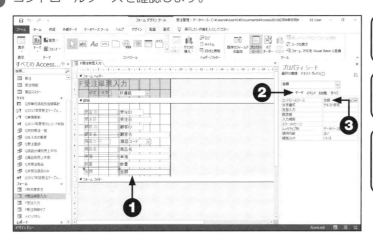

❶ [金額] テキストボックスをクリックします。

❷ [データ] タブが選択されていることを確認します。

❸ [コントロールソース] ボックスに [金額] と表示されていることを確認します。

Step 7 プロパティシートの × 閉じるボタンをクリックして、プロパティシートを閉じます。

Step 8 × 'F受注単票入力' を閉じるボタンをクリックして、[F受注単票入力] フォームを閉じます。

Step 9 ナビゲーションウィンドウのクエリの一覧から [Q受注登録] を右クリックして、ショートカットメニューの [デザインビュー] をクリックし、[Q受注登録] クエリをデザインビューで開きます。

Step 10 [金額] フィールドのフィールド名を変更します。

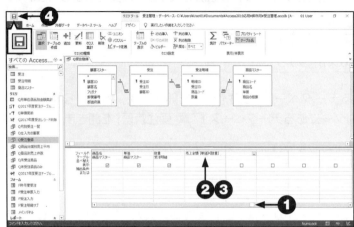

❶ [金額] フィールドが表示されるまでデザイングリッドを右方向にスクロールします。

❷ フィールド名の [金額] の左に「売上」と入力して、Enterキーを押します。

❸ [売上金額] フィールドの [フィールド] 行に [売上金額：[単価]*[数量]] と表示されていることを確認します。

❹ クイックアクセスツールバーの [上書き保存] ボタンをクリックします。

Step 11 ✕ 'Q受注登録' を閉じるボタンをクリックして、[Q受注登録] クエリを閉じます。

Step 12 クエリ名を変更します。

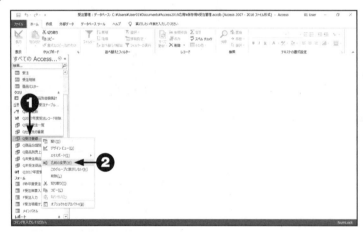

❶ ナビゲーションウィンドウの [Q受注登録] をポイントします。

❷ 右クリックして、ショートカットメニューの [名前の変更] をクリックします。

Step 13 新しい名前を入力して確定します。

❶ 「Q受注リスト」と入力して、Enterキーを押します。

💡 **ヒント**
オブジェクト名の変更
名前を変更したいオブジェクトを選択し、**F2**キーを押してもオブジェクト名を変更することができます。

ヒント　フォームセレクター
フォームセレクターが □ の場合は、選択されていない状態です。クリックすると、黒い四角が表示され、選択状態になります。

操作☞ [レコードソース]プロパティと[コントロールソース]プロパティを確認する

[F受注単票入力]フォームの[レコードソース]プロパティと[金額]テキストボックスの[コントロールソース]プロパティが自動的に更新されているかを確認しましょう。

Step 1 ナビゲーションウィンドウのフォームの一覧から[F受注単票入力]を右クリックして、ショートカットメニューの[デザインビュー]をクリックし、[F受注単票入力]フォームをデザインビューで開きます。

Step 2 フォームセレクターが ■ になっていることを確認して、[デザイン]タブの [プロパティシート]ボタンをクリックします。

Step 3 レコードソースとコントロールソースを確認します。

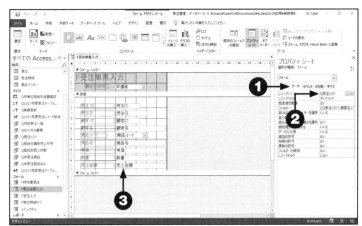

❶ [データ]タブが選択されていることを確認します。

❷ [レコードソース]ボックスに[Q受注リスト]と表示されていることを確認します。

❸ [売上金額]テキストボックスをクリックします。

❹ [コントロールソース]ボックスに[売上金額]と表示されていることを確認します。

ヒント
ラベルの変更について
テーブルのフィールド名を変更すると、フォーム上のラベルも自動的に更新され、変更が反映されます。

Step 4 プロパティシートの ✕ 閉じるボタンをクリックして、プロパティシートを閉じます。

Step 5 [デザイン]タブの [表示]ボタンをクリックして、フォームビューに切り替えます。

Step 6 データを確認します。

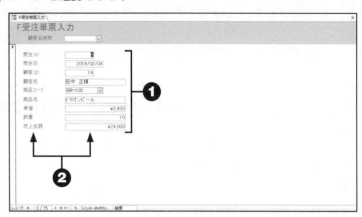

❶ [Q受注リスト] クエリのデータが表示されていることを確認します。

❷ [売上金額] フィールドのデータが表示されていることを確認します。

Step 7 ｘ 'F受注単票入力' を閉じるボタンをクリックして、[F受注単票入力] フォームを閉じます。

ヒント　オブジェクトやフィールドの名前の自動修正

Accessでは、参照元となるオブジェクトやフィールドの名前を変更した場合、関連している部分の情報もすべて同時に自動的に更新されます。この機能は初期設定では有効になっていますが、[Accessのオプション] ダイアログボックスで設定を変更することができます。
[現在のデータベース] をクリックして、[名前の自動修正オプション] の [名前の自動修正を行う] チェックボックスのオン／オフによって設定できます。

重要　変更したフィールド名が演算コントロールに使用されていた場合

フィールド名を変更した場合、フォームやレポートのコントロールソースは変更されますが、たとえば集計レポートの演算コントロールなどで使用しているフィールド名は変更されません。このような場合は、演算コントロールのフィールド名を手動で変更する必要があります。
本書の第6章までで作成してきたデータベース「受注管理」でも、フィールド名を変更したことにより、[メインパネル] フォーム [売上集計のプレビュー] をクリックすると、金額の入力を促すパラメータークエリが表示されます。これまでのように印刷プレビューを表示するには、[R売上集計明細] レポートをデザインビューで表示し、[受注日] フッターセクションと [レポートフッター] セクションの演算コントロールを「=Sum([売上金額])」と修正して、上書き保存します。

データベースのバックアップ

オブジェクト、レコードおよびフィールドなどの操作で、誤って編集または削除した場合、操作によっては元に戻せないことがあります。このようなときに、事前にバックアップを作成しておくと、いつでも元に戻すことができます。
また、Accessに異常が生じたときやウイルスに感染して、データベースファイルが消去または破損した場合、最新のバックアップがデータを復元する手段となるので、定期的にバックアップを作成しておきます。

操作 データベースをバックアップする

現在開いているデータベース「受注管理」のバックアップを [保存用] フォルダーに作成しましょう。

Step 1 バックアップファイルを作成するための [名前を付けて保存] ダイアログボックスを開きます。

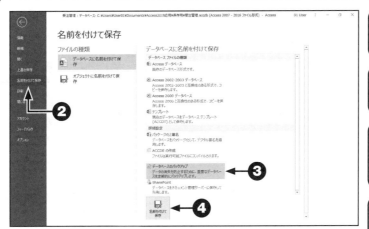

❶ [ファイル] タブをクリックします。

❷ [名前を付けて保存] をクリックします。

❸ [データベースに名前を付けて保存] の [データベースのバックアップ] をクリックします。

❹ [名前を付けて保存] をクリックします。

💡 ヒント
バックアップ時のデータベースの状態
Accessでは、バックアップしたいデータベースを閉じることなく、開いている状態でバックアップを作成することができます。

第 7 章　Accessの便利な活用法 | **227**

Step 2 バックアップファイルの保存先とファイル名を指定します。

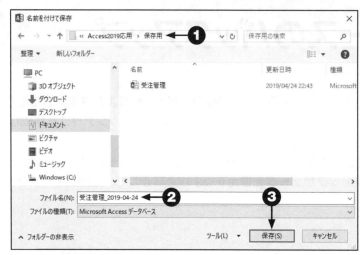

❶ [Access2019応用] フォルダー内の [保存用] フォルダーが表示されていることを確認します。

❷ [ファイル名] ボックスにデータベース名「受注管理」に日付の付いたファイル名が表示されていることを確認します。

❸ [保存] をクリックします。

💡 **ヒント**
バックアップファイル名
ファイル名は、自動的にバックアップ元のファイル名に日付の付いた名前が表示されます。別の名前にしたいときは任意のファイル名を入力します。

Step 3 [データベース「受注管理」が開かれた直後の状態になっていることを確認します。

❶ [メインパネル] フォームが開いていることを確認します。

💡 **ヒント**
バックアップの作成時
バックアップの作成時には、バックアップ元のファイルを閉じてからバックアップが作成され、バックアップ元のファイルが再度開かれた状態になります。

Step 4 タスクバーの [エクスプローラー] をクリックし、[ドキュメント] をダブルクリックしてドキュメントフォルダーウィンドウを開きます。

Step 5 作成されたバックアップファイルを確認します。

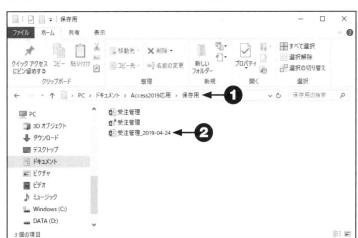

❶ [Access2019応用] フォルダーの [保存用] フォルダーをダブルクリックします。

❷ データベース名「受注管理」に日付の付いたバックアップファイルが作成されていることを確認します。

Step 6 ✕ 閉じるボタンをクリックして、ドキュメントフォルダーウィンドウを閉じ、データベース「受注管理」が開かれた直後の状態になっていることを確認します。

Step 7 ✕ 'メインパネル' を閉じるボタンをクリックして、[メインパネル] フォームを閉じます。

Step 8 **F11**キーを押して、ナビゲーションウィンドウを開きます。

重要
バックアップファイルの使用
バックアップファイルを使用してデータベースを復元する場合は、ファイル名を元のファイル名に戻してから、Accessで開きます。

オブジェクトの依存関係の確認方法

データベースの各オブジェクト間の依存関係に関する情報を[オブジェクトの依存関係]ウィンドウで表示することができます。

「オブジェクトの依存関係」とは、フォームやレポートなどがどのテーブルまたはクエリを参照しているかという関連性のことです。

たとえば、[2016年度受注]テーブルを基に[F昨年度受注]フォームを作成したとします。[2016年度受注]テーブルが不要になり削除すると、[F昨年度受注]フォームはデータの表示ができなくなります。このような場合、あらかじめオブジェクトの依存関係を確認して、依存しているオブジェクトがあれば依存関係を変更してからテーブルを削除したり、依存しているフォームを削除してからテーブルを削除するなど、エラーを起こさないようにすることができます。

オブジェクトの依存関係には、次のように「選択したオブジェクトに依存する関係(参照元からの確認)」と「選択したオブジェクトが依存する関係(参照先からの確認)」の2つの表示方法があります。

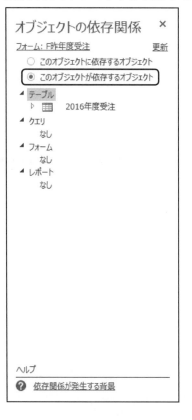

選択したオブジェクトに依存する関係　選択したオブジェクトが依存する関係

リレーションシップが作成されているテーブルは、[オブジェクトの依存関係] ウィンドウの [テーブル] に表示されます。

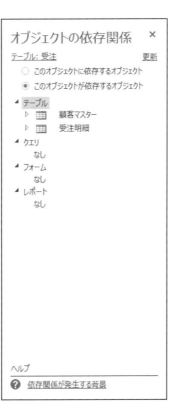

💡 ヒント　依存情報
依存情報を表示できるのは、テーブル、クエリ、フォーム、レポートのみです。マクロ、モジュールは表示することができません。

❗ 重要　名前の自動修正の設定
[Accessのオプション] ダイアログボックスで [現在のデータベース] をクリックして、[名前の自動修正オプション] の [名前の自動修正情報をトラックする] チェックボックスがオフになっていると依存情報を参照することはできません。Accessの初期設定ではオンになっています。

💡 ヒント　無視されたオブジェクト
アクションクエリやSQLクエリ（サブクエリなどのように、直接SQLステートメントを記述するクエリ）がある場合、[オブジェクトの依存関係] ウィンドウの [無視されたオブジェクト] に表示されます。

操作 ☞ オブジェクトの依存関係を確認する

データベース「受注管理」では、受注データを格納したテーブルは2018年度と2017年度分を残し、[2016年度受注] テーブルを削除することにしました。
[2016年度受注] テーブルを削除するにあたり、[2016年度受注] テーブルに依存するオブジェクトの有無を確認しましょう。

Step 1 [2016年度受注] テーブルをデータシートビューで開き、[受注日] フィールドの値を確認します。

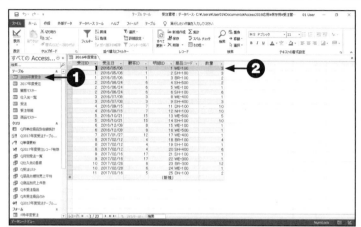

❶ ナビゲーションウィンドウの [2016年度受注] をダブルクリックします。

❷ 1件目のレコードに [2016/05/06] と表示されていることを確認します。

Step 2 ✕ '2016年度受注'を閉じるボタンをクリックして、[2016年度受注] テーブルを閉じます。

Step 3 [オブジェクトの依存関係] ウィンドウを開きます。

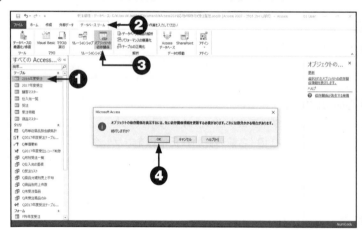

❶ ナビゲーションウィンドウの [2016年度受注] が選択されていることを確認します。

❷ [データベースツール] タブをクリックします。

❸ [オブジェクトの依存関係] ボタンをクリックします。

❹ 依存関係情報の更新についてのメッセージを確認して、[OK] をクリックします。

💡 **ヒント**
メッセージの表示
オブジェクトの依存関係情報の更新が必要な場合のみ、メッセージが表示されます。

Step 4 オブジェクトの依存関係を確認します。

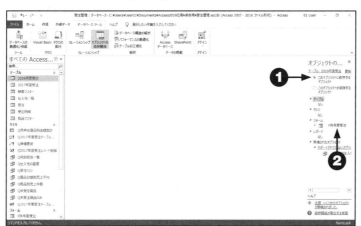

❶ [このオブジェクトに依存するオブジェクト] が選択されていることを確認します。

❷ [フォーム] に [F昨年度受注] と表示されていることを確認します。

操作 ☞ オブジェクトの依存関係を変更する

[F昨年度受注] フォームが依存するオブジェクトを、[2017年度受注] テーブルに変更しましょう。

Step 1 [オブジェクトの依存関係] ウィンドウから [F昨年度受注] フォームをデザインビューで開きます。

❶ [F昨年度受注] をポイントします。

❷ マウスポインターの形が 🖑 になっていることを確認して、クリックします。

💡 ヒント
オブジェクトのリンク
[オブジェクトの依存関係] ウィンドウのオブジェクト名が表示されているリンクをクリックすると、オブジェクトがデザインビューで開きます。

Step 2 [F昨年度受注] フォームがデザインビューで開いたことを確認して、[デザイン] タブの [表示] ボタンをクリックして、フォームビューに切り替えます。

第 7 章 Accessの便利な活用法 **233**

Step 3 受注日を確認します。

❶ [受注日] ボックスに [2016/05/06] と表示されていることを確認します。

Step 4 [ホーム] タブの [表示] ボタンの▼をクリックし、[デザインビュー] をクリックしてデザインビューに切り替えます。

Step 5 レコードソースを変更します。

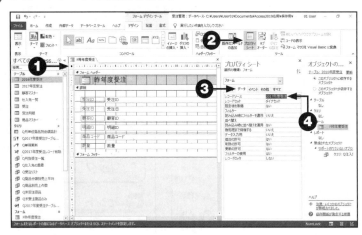

❶ フォームセレクターが ■ になっていることを確認します。

❷ [プロパティシート] ボタンをクリックして、プロパティシートを表示します。

❸ [データ] タブが選択されていることを確認します。

❹ [レコードソース] ボックスの▼をクリックして、[2017年度受注] をクリックします。

Step 6 プロパティシートの ☒ 閉じるボタンをクリックして、プロパティシートを閉じます。

Step 7 クイックアクセスツールバーの [上書き保存] ボタンをクリックして、[F昨年度受注] フォームを上書き保存します。

Step 8 [デザイン] タブの [表示] ボタンをクリックして、フォームビューに切り替えます。

Step 9 受注日を確認します。

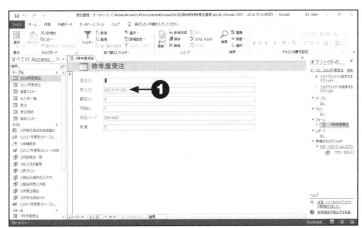

❶ [受注日] ボックスに [2017/11/20] と表示されていることを確認します。

Step 10 ✕ 'F昨年度受注' を閉じるボタンをクリックして、[F昨年度受注] フォームを閉じます。

操作 ☞ オブジェクトの依存関係を確認してテーブルを削除する

[2016年度受注] テーブルに依存するオブジェクトがなくなったことを確認してから、[2016年度受注] テーブルを削除しましょう。

Step 1 オブジェクトの依存関係を確認します。

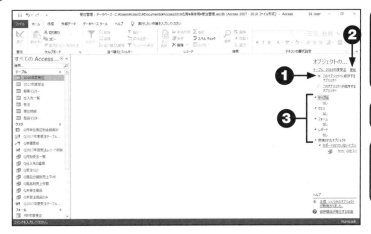

❶ [オブジェクトの依存関係] ウィンドウの [このオブジェクトに依存するオブジェクト] が選択されていることを確認します。

❷ [更新] をクリックします。

❸ すべてのオブジェクトに [なし] と表示されていることを確認します。

Step 2 [オブジェクトの依存関係] ウィンドウの ✕ 閉じるボタンをクリックして、[オブジェクトの依存関係] ウィンドウを閉じます。

Step 3 テーブルを削除します。

❶ ナビゲーションウィンドウの[2016年度受注]が選択されていることを確認します。

❷ **Delete**キーを押します。

Step 4 テーブルの削除の確認のメッセージを確認して、[はい]をクリックします。

Step 5 [2016年度受注]テーブルが削除されたことを確認します。

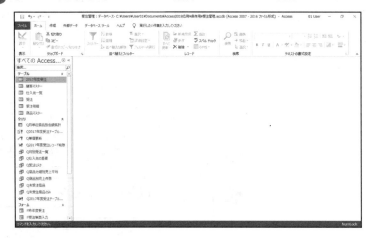

Step 6 ✕ 閉じるボタンをクリックして、データベース「受注管理」を閉じてAccessを終了します。

🛜 この章の確認

☐ オブジェクト名やフィールド名を変更できますか？

☐ データベースのバックアップファイルを作成できますか？

☐ オブジェクトの依存関係について理解できましたか？

☐ オブジェクトの依存関係を確認できますか？

☐ [オブジェクトの依存関係]ウィンドウからフォームを開けますか？

☐ オブジェクトの依存関係を変更できますか？

問題 7-1

[保存用] フォルダーのデータベース「洋菓子受注」のテーブル名とフィールド名を変更しましょう。さらに、データベースをバックアップしてから [2016年下半期受注] テーブルのオブジェクトの依存関係を確認し、参照しているオブジェクトがないことを確認して、テーブルを削除しましょう。
本章から学習を開始した場合は、[復習問題] フォルダーにあるデータベース「復習7_洋菓子受注」を開きます

1. [顧客マスター] テーブルの名前を「顧客リスト」に変更しましょう。

2. [顧客リスト] テーブルの [顧客ID] フィールドのフィールド名を「顧客コード」に変更して上書き保存して、テーブルを閉じましょう。

3. [F顧客入力] フォーム（[顧客マスター] テーブルを基に作成）をデザインビューで開き、フォームの [レコードソース] プロパティと [顧客コード] フィールドの [コントロールソース] プロパティが自動的に更新されたことを確認しましょう。

4. プロパティシートを閉じてフォームビューで、正しくデータが表示されているかを確認しましょう。確認後、フォームを閉じましょう。

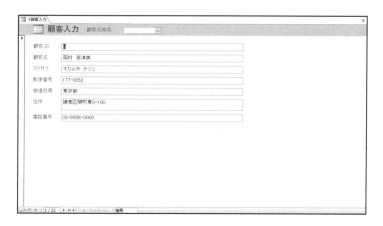

5. 現在開いているデータベース「洋菓子受注」のバックアップを [保存用] フォルダーに作成しましょう。バックアップファイル名は自動的に付けられる（データベース「洋菓子受注」に日付の付いた）名前で保存します。

6. バックアップ後に表示される [メインパネル] フォームは閉じて、ナビゲーションウィンドウを開きましょう。

7. [2016年下半期受注] テーブルのオブジェクトの依存関係を表示し、依存するオブジェクトが [F2016年下半期洋菓子受注] フォームであることを確認しましょう。

8. ［オブジェクトの依存関係］ウィンドウから［F2016年下半期洋菓子受注］フォームを開き、フォームビューで受注日が、［2016/07/07］であることを確認しましょう。

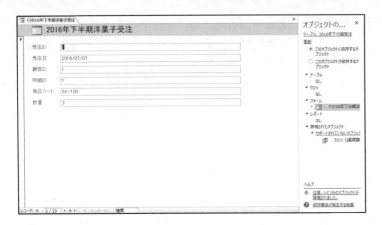

9. デザインビューに切り替えて、［F2016年下半期洋菓子受注］フォームのレコードソースを［2017年上半期受注］テーブルに変更して、プロパティシートを閉じましょう。

10. フォームを上書き保存し、フォームビューで受注日が、［2017/01/04］であることを確認して閉じましょう。

11. ［2016年下半期受注］テーブルに依存するオブジェクトがなくなったことを確認しましょう。

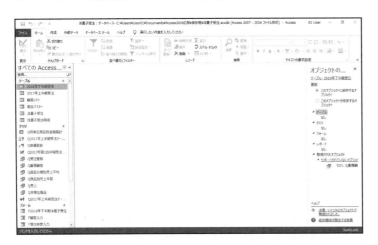

12. ［オブジェクトの依存関係］ウィンドウを閉じて、［2016年下半期受注］テーブルを削除しましょう。

本書で学習した内容が身に付いたかどうか、
総合問題で確認しましょう。

問題 1

ヘルスケアの受注管理用のデータベースを構築します。データベース「ヘルスケア受注」を開き、リレーションシップを作成し、参照整合性を設定しましょう。最初に、受注のない商品を抽出しましょう。さらに、テーブル作成クエリ、連鎖削除を設定して削除クエリを実行しましょう。

1. ［Access2019応用］フォルダーの［総合問題］フォルダーのデータベース「ヘルスケア受注」を開き、同じデータベース名で［Access2019応用］フォルダーの［保存用］フォルダーの中に作成して、コンテンツを有効にしましょう。

2. リレーションシップウィンドウで、［ヘルスケア受注］テーブルから［商品マスター］テーブルまでの4つのテーブルを追加し、フィールドリストのレイアウトを変更しましょう。左から［顧客マスター］、［ヘルスケア受注］、［ヘルスケア受注明細］、［商品マスター］の順番に配置しましょう。

3. 共通のフィールドで、テーブル間にリレーションシップを作成し、すべてのリレーションシップに参照整合性を設定し、上書き保存してリレーションシップウィンドウを閉じましょう。

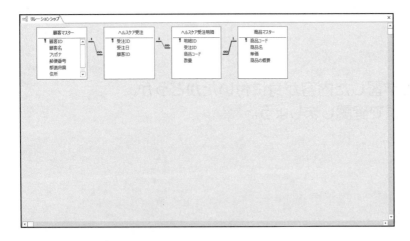

4. 受注した商品の詳細を一覧で表示できるように、次のフィールドを追加したクエリを作成し、実行して確認しましょう。

フィールド名	テーブル名
受注ID	ヘルスケア受注明細
受注日	ヘルスケア受注
顧客ID	ヘルスケア受注
顧客名	顧客マスター
商品コード	ヘルスケア受注明細
商品名	商品マスター
単価	商品マスター
数量	ヘルスケア受注明細
金額	単価×数量で計算し、書式を通貨に設定

5. ［受注ID］と［商品名］から［金額］までのフィールドの列幅を自動調整し、「Q受注登録」という名前で保存してクエリを閉じましょう。

6. 次の完成例を参考に、［商品マスター］テーブルと［ヘルスケア受注明細］テーブルを比較し、受注のない商品を抽出するクエリを作成し、「Q未受注商品」という名前で保存して閉じましょう。

7. 次の表と完成例を参考に、［受注日］フィールドが2017年のレコードを抽出するクエリを作成し、実行して結果を確認しましょう。

フィールド名	テーブル名	抽出条件
受注ID	ヘルスケア受注明細	
受注日	ヘルスケア受注	2017/1/1から2017/12/31までのデータ
顧客ID	ヘルスケア受注	
明細ID	ヘルスケア受注明細	
商品コード	ヘルスケア受注明細	
数量	ヘルスケア受注明細	

8. 作成した選択クエリをテーブル作成クエリに変更し、「2017年度ヘルスケア受注」という名前でテーブルを作成するように設定して、クエリを実行しましょう。

9. テーブル作成クエリを「Q2017年度ヘルスケア受注テーブル作成」という名前で保存して閉じましょう。

10. 作成された［2017年度ヘルスケア受注］テーブルを開いて結果を確認し、テーブルを閉じましょう。

11. ［ヘルスケア受注］テーブルを開いて、2017年のデータがあることを確認して閉じましょう。

12. ［ヘルスケア受注］テーブルと［ヘルスケア受注明細］テーブルのリレーションシップに連鎖削除を設定して、リレーションシップウィンドウを閉じましょう。

13. 次の表と完成例を参考に、[ヘルスケア受注] テーブルを基にして [受注日] フィールドが2017年の
    レコードを抽出するクエリを作成し、実行してレコード件数を確認しましょう。

フィールド名	テーブル名	抽出条件
受注ID	ヘルスケア受注	
受注日	ヘルスケア受注	2017/1/1から2017/12/31までのデータ

14. 作成した選択クエリを削除クエリに変更して実行しましょう。

15. 削除クエリを「Q2017年度ヘルスケア受注削除」という名前で保存して閉じましょう。

16. [ヘルスケア受注] テーブルを開いて結果を確認して閉じましょう。

 問題 2

データベース「ヘルスケア受注」のリレーションシップに連鎖更新の設定をして、データを更新しましょう。
さらに、重複クエリ、クロス集計クエリ、更新クエリ、追加クエリ、集計クエリを作成しましょう。
この問題から学習を開始する場合は、[総合問題] フォルダーにあるデータベース「総合2_ヘルスケア受注」
を開きます。

1. [商品マスター] テーブルと [ヘルスケア受注明細] テーブルのリレーションシップに連鎖更新を設定
   して、リレーションシップウィンドウを閉じましょう。

2. [ヘルスケア受注明細] テーブルを開き、2、36、53、70件目のレコード（[明細ID] フィールドの
   [11]、[45]、[62]、[79]）の [商品コード] フィールド（外部キー）の値が [WJ-005] であること
   を確認しましょう。

3. [商品マスター] テーブルを開き、[商品コード] フィールドの値を「WJ-005」から「WJ-008」に変
   更し、レコードを保存して閉じましょう。

4. [ヘルスケア受注明細] テーブルの2、36、53、70件目の [商品コード] フィールドの値が [WJ-008]
   に変更されていることを確認して閉じましょう。

5. 完成例を参考に、[顧客マスター] テーブルで [顧客名] フィールドの値が重複しているデータを、重
   複クエリを作成して抽出し、「Q重複顧客」という名前で保存しましょう。実行後はすべてのフィール
   ドを表示し、確認後閉じましょう。

6. 次の完成例を参考に、[Q受注登録] クエリを基にして各商品の顧客別の売上金額を集計するクロス集計クエリを作成し、「Q顧客別受注金額集計」という名前で保存して閉じましょう。

7. 次の表と完成例を参考に、[商品マスター] テーブルの [商品コード] フィールドが「UK」で始まる商品を5%引き上げるクエリを作成し、実行して結果を確認しましょう。
   ・追加する演算フィールド名は、[新単価] とします。

フィールド名	抽出条件	計算式
商品コード	「UK」で始まる商品	
単価		
新単価		Int関数を使用し、単価×1.05で計算

8. 作成した選択クエリを更新クエリに変更し、[商品マスター] テーブルの商品コードが [UK] で始まる商品の単価の値が、5%引き上げた値に更新されるように設定して実行し、「Q単価更新」という名前で保存して閉じましょう。

9. [商品マスター] テーブルを開いて、データを確認して閉じましょう。

10. [ヘルスケア受注] テーブルの [受注ID] フィールドが [20] と [21] のレコードの [受注日] フィールドの日付を「2018/6/21」から「2017/6/21」に変更して閉じましょう。

11. 次の表と完成例を参考に、[ヘルスケア受注] テーブルの [受注日] フィールドが「2017/6/21」のレコードを抽出するクエリを作成し、実行して結果を確認しましょう。

フィールド名	テーブル名	抽出条件
受注ID	ヘルスケア受注明細	
受注日	ヘルスケア受注	2017/6/21のデータ
顧客ID	ヘルスケア受注	
明細ID	ヘルスケア受注明細	
商品コード	ヘルスケア受注明細	
数量	ヘルスケア受注明細	

12. 作成した選択クエリを追加クエリに変更し、[2017年度ヘルスケア受注] テーブルに追加されるように設定して実行し、「Q2017年度ヘルスケア受注追加」という名前で保存して閉じましょう。

13. [2017年度ヘルスケア受注] テーブルを開いて、データを確認して閉じましょう。

14. 次の表と完成例を参考に、[Q受注登録] クエリを基にして [商品コード] フィールドごとに、[数量] フィールドの合計を求める集計クエリを作成し、実行して確認しましょう。

フィールド名	集計
商品コード	グループ化
数量	合計

15. 作成したクエリを「Q商品別受注合計」という名前で保存して閉じましょう。

 問題 3

データベース「ヘルスケア受注」の [F顧客入力] フォームに顧客名から検索するコンボボックスを作成しましょう。さらに、売上データを入力するためのメイン／サブフォームを作成して、利用しやすいように編集しましょう。
この問題から学習を開始する場合は、[総合問題] フォルダーにあるデータベース「総合3_ヘルスケア受注」を開きます。

1. [F顧客入力] フォームの [フォームヘッダー] セクションに、顧客名から検索するコンボボックスをウィザードを利用して作成しましょう。
   ・ラベルの標題は「顧客名検索」とします。

2. コンボボックスの名前を「顧客名検索」に設定してプロパティシートを閉じましょう。

3. フォームを上書き保存し、フォームビューで確認して閉じましょう。

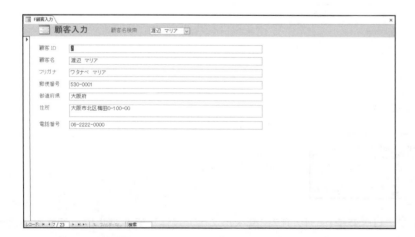

4. 次の表を参考に、フォームウィザードでメイン／サブフォームを作成しましょう。

設定項目	設定値	
	テーブル／クエリ	フィールド名
フォームに含めるフィールド	テーブル：ヘルスケア受注	すべて
	テーブル：顧客マスター	顧客名、電話番号
	テーブル：ヘルスケア受注明細	明細ID、商品コード
	テーブル：商品マスター	商品名、単価
	テーブル：ヘルスケア受注明細	数量
データの表示方法	By ヘルスケア受注	
	サブフォームがあるフォーム	
サブフォームのレイアウト	データシート	
フォーム名	メインフォーム：Fヘルスケア受注入力	
	サブフォーム：Fヘルスケア受注サブ	

5. [Fヘルスケア受注入力] フォームの [受注ID] フィールドを昇順に並べ替えましょう。

6. 次の表を参考に、[Fヘルスケア受注入力] フォームの [顧客ID] テキストボックスを削除し、[顧客マスター] テーブルの [顧客ID] と [顧客名] のフィールドの値を2列で表示するコンボボックスをウィザードを利用して [受注日] テキストボックスの下に作成しましょう。

設定項目	設定値
コントロールの列	2列表示にし、2列とも列幅を自動調整
並べ替え	顧客IDの昇順
選択可能なフィールド	顧客ID
保存先フィールド	顧客ID
ラベルの標題	顧客ID

7. 作成したコンボボックスとラベルの位置、サイズを調整し、コンボボックスの名前を「顧客ID」に変更して、プロパティシートを閉じましょう。

8. [受注日] テキストボックスのサイズを水平ルーラーの目盛 [7] の位置を目安に変更し、フォームビューで確認しましょう。

9. 次の完成例を参考に、[Fヘルスケア受注入力] フォームのサブフォームの高さを半分に変更し、列幅を自動調整して上書き保存し、フォームを閉じましょう。

10. [Fヘルスケア受注サブ] フォームの [詳細] セクションの高さを1cm程度広げ、[数量] テキストボックスの下に、次の表を参考にして演算コントロールを追加しましょう。

	プロパティ	設定値
ラベル	標題	金額
テキストボックス	コントロールソース	単価×数量で計算
	書式	通貨
	名前	金額

11. [Fヘルスケア受注サブ] フォームの [フォームフッター] セクションの高さを1cm程度広げ、水平ルーラーの目盛 [4]、垂直ルーラーの目盛 [0.25] の位置を目安に、次の表を参考にして演算コントロールを追加しましょう。

	プロパティ	設定値
ラベル	標題	合計
テキストボックス	コントロールソース	Sum関数を使用し、単価×数量で計算
	書式	通貨
	名前	合計

12. フォームを上書き保存し、フォームビューで確認して閉じましょう。

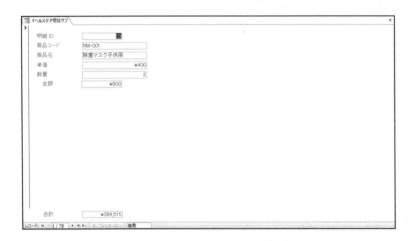

13. [Fヘルスケア受注入力] フォームの [詳細] セクションの高さを1cm程度広げ、水平ルーラーの目盛 [14]、垂直ルーラーの目盛 [9.0] の位置を目安に、次の表を参考にして [Fヘルスケア受注サブ] フォームの合計を参照するコントロールを追加しましょう。

	プロパティ	設定値
ラベル	標題	合計金額
テキストボックス	コントロールソース	サブフォームの [合計] コントロールを参照
	書式	通貨
	名前	合計金額

14. プロパティシートを閉じてフォームを上書き保存し、フォームビューで確認して閉じましょう。

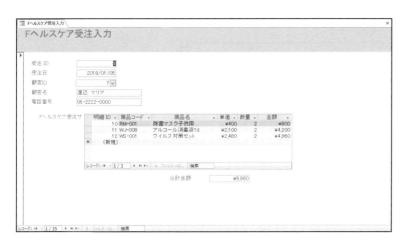

総合問題 問題 4

データベース「ヘルスケア受注」の [Q受注登録] クエリを基に、商品ごとの売上を集計する [R売上明細集計] レポートを作成し、見やすく編集しましょう。さらに、[R納品書] レポートに詳細データを表示するサブレポートを埋め込み、メイン／サブレポートを作成しましょう。
この問題から学習を開始する場合は、[総合問題] フォルダーにあるデータベース「総合4_ヘルスケア受注」を開きます。

1. [Q受注登録] クエリから、レポートに必要なフィールドを選択するクエリを作成し、「Q売上」という名前で保存して閉じましょう。
   ・選択するフィールド名：受注日、商品名、単価、数量、金額

2. [Q売上] クエリを基にレポートを作成し、[商品名] フィールドごとでグループ化して、グループ化ダイアログボックスを閉じ、[金額] フィールドの合計で集計しましょう。

3. デザインビューで開き、レポートタイトルを「商品別売上」に変更しましょう。

4. [単価] フィールドの合計を計算する演算コントロールの上枠線を [透明] に変更して、演算コントロールを削除しましょう。

5. 商品別で改ページされるように設定しましょう。

6. 「R売上明細集計」という名前で保存し、印刷プレビューで確認して閉じましょう。

   ■ 最初のページ

   ■ 最後のページ

   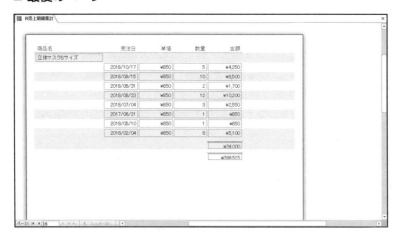

7. [R納品書明細] レポートの [レポートフッター] セクションの水平ルーラーの目盛 [12]、垂直ルーラーの目盛 [0.25] の位置を目安に、次の表を参考にして合計金額を求める演算コントロールを追加しましょう。

	プロパティ	設定値
ラベル1	標題	合計金額
テキストボックス	コントロールソース	Sum関数を使用し、単価×数量で計算
	書式	通貨
	幅	2.5cm
	名前	合計金額

8. レポートを上書き保存して閉じましょう。

9. [R納品書] レポートの [詳細] セクションの高さを2cm程度広げ、水平ルーラーの目盛 [2]、垂直ルーラーの目盛 [7] の位置を目安に [R納品書明細] レポートを埋め込みましょう。

10. [R納品書] レポートと [R納品書明細] レポートに、[受注ID] フィールドでのリンクを設定しましょう。

11. [R納品書明細] レポートの印刷時拡張／縮小を設定して、プロパティシートを閉じましょう。

12. [R納品書明細] レポートのラベルを削除し、[R納品書明細] レポートのフィールド名のラベルを [R納品書] レポートにコピーして、位置を調整しましょう。

13. [R納品書] レポートを上書き保存し、印刷プレビューで確認して閉じましょう。

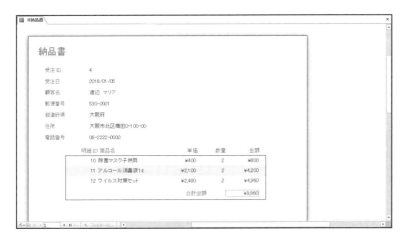

問題 5

データベース「ヘルスケア受注」でマクロを作成し、入力など通常の業務に必要な [メインパネル] フォームのボタンに割り当てましょう。また、依存関係を確認して、データベースのバックアップを作成しましょう。さらに、データベース「ヘルスケア受注」を開くと、[メインパネル] フォームが開くように設定しましょう。
この問題から学習を開始する場合は、[総合問題] フォルダーにあるデータベース「総合5_ヘルスケア受注」を開きます。

1. [Fヘルスケア受注入力] フォームの [フォームヘッダー] セクションの水平ルーラーの目盛 [15]、垂直ルーラーの目盛 [0.5] の位置を目安にコマンドボタンを作成し、ボタンの標題を「フォームを閉じる」にしましょう。

2. 作成したボタンの [クリック時] プロパティにマクロビルダーを使用して [Fヘルスケア受注入力] フォームを閉じるマクロを埋め込みましょう。

3. プロパティシートを閉じてフォームを上書き保存し、フォームビューに切り替えてマクロの動作を確認して、フォームを閉じましょう。

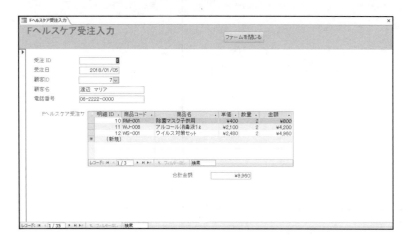

4. 次の表を参考に、サブマクロを作成しましょう。マクロは、「Mメインパネル」という名前で保存して、[メインパネル] フォームのボタンをクリックしたらマクロが実行されるようにマクロを割り当てましょう。

サブマクロ名	内容
ヘルスケア受注入力を開く	[Fヘルスケア受注入力] フォームをフォームビューで開くマクロ
売上集計のプレビュー	[R売上明細集計] レポートを印刷プレビューで開くマクロ
終了	Accessを終了するときに、すべてを保存するマクロ

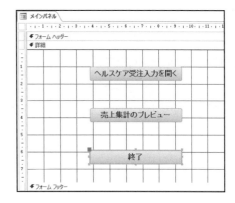

5. プロパティシートを閉じて、フォームを上書き保存し、マクロの動作を確認しましょう。確認後、開いているフォームやレポートはすべて閉じ、Access終了後、再度、データベース「ヘルスケア受注」(この問題から学習を開始した場合は、データベース「総合5_ヘルスケア受注」)を開きましょう。

6. [2016年度ヘルスケア受注] テーブルの名前を「旧ヘルスケア受注」に変更しましょう。

7. [旧ヘルスケア受注] テーブルのオブジェクトの依存関係を表示し、依存するオブジェクトが [F2016年度ヘルスケア受注] フォームであることを確認しましょう。

8. [オブジェクトの依存関係] ウィンドウから [F2016年度ヘルスケア受注] フォームを開き、[F2016年度ヘルスケア受注] フォームが依存するオブジェクトを [2017年度ヘルスケア受注] テーブルに変更して、プロパティシートを閉じましょう。

9. フォームを上書き保存し、フォームビューで [受注日] テキストボックスに [2017/11/20] と表示されていることを確認して閉じましょう。

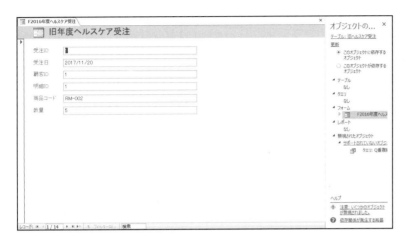

10. [旧ヘルスケア受注] テーブルに依存するオブジェクトがなくなったことを確認しましょう。

11. [オブジェクトの依存関係] ウィンドウを閉じて、[旧ヘルスケア受注] テーブルを削除しましょう。

12. 現在開いているデータベース「ヘルスケア受注」（この問題から学習を開始した場合は、データベース「総合5_ヘルスケア受注」）のバックアップを [保存用] フォルダーに作成しましょう。バックアップファイル名は自動的に付けられる（データベース名に日付の付いた）名前で保存します。

13. データベース「ヘルスケア受注」を開くと自動的に [メインパネル] フォームが開き、ナビゲーションウィンドウが非表示になるように設定しましょう。

14. データベースを閉じて、データベース「ヘルスケア受注」（この問題から学習を開始した場合は、データベース「総合5_ヘルスケア受注」）を開いて動作を確認しましょう。

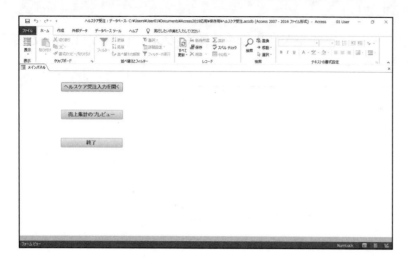

索引

英字

［Accessのオプション］ダイアログボックスの［現在のデータベース］の設定	215
AutoExecマクロ	215
Avg関数	52
Count関数	53
DBMS（DataBase Management System）	3
Excelのデータのインポート	64
Format関数	169
Iif関数	139
Int関数	74
Left関数	53
Null値	31
SQL	2
Sum関数	129
VBA（Visual Basic for Applications）	196
Where句	86
Where条件	50

あ行

アクション	195
〜の設定	197
〜の引数	196
アクションカタログ	195
アクションクエリ	71
一側のテーブルと多側のテーブル	32
イベント	199
［印刷時拡張］プロパティ	186
［印刷時縮小］プロパティ	186
埋め込みマクロ	200, 205
演算コントロール	124
〜の作成	125, 136, 144, 162, 180
演算フィールドの追加	25
オブジェクトの依存関係	230
〜の確認	232, 235
〜の変更	233
オブジェクトやフィールドの名前の自動修正	226, 231

オプショングループの作成	140
オプションボタンを利用した条件分岐	139

か行

外部キー	32
外部結合	27, 29
改ページの設定	167, 168
［改ページ］プロパティ	167
［可視］プロパティ	177
起動時に開くフォームの設定	216
クエリでのデータの変更	24
クエリでのテーブルの結合	22
クエリの参照元のテーブル名とフィールド名	222
［グループ化］ダイアログボックスでの設定方法	158
グループ化フィールド	168
グループ集計レポート	154
グループ間隔の設定	155
集計方法	155
〜の作成	156
クロス集計クエリ	48, 54
〜の作成	56
結合線のマーク	35
［結合プロパティ］ダイアログボックス	28, 63
更新クエリ	71, 72, 75
コマンドボタンウィザードを利用したマクロの割り当て	205
コマンドボタンの作成	201
コンテンツの有効化	9
コントロールウィザード	102
［コントロールソース］プロパティ	124, 132, 162, 222, 225
コントロールレイアウト	106
コンボボックス	101
〜の作成	102, 109
〜の名前の設定	107

さ行

削除クエリ	71, 82, 85

索引 **253**

サブデータシート ……………………………… 21
サブフォーム
　〜のコントロールの参照 ……………… 132, 133
　〜のサイズの変更 …………………………… 122
　〜の列幅の変更 ……………………………… 123
サブマクロ ……………………………………… 207
　〜の作成 ……………………………………… 208
サブレポート
　〜の作成 ……………………………………… 174
　〜の調整 ……………………………………… 177
　〜への演算コントロールの作成 …………… 180
サブレポートフィールドリンクビルダー …… 185
参照整合性 ……………………………………… 32
　〜によるデータ操作制限の種類 …… 33, 36, 37, 38
　〜の設定 ……………………………………… 35
式ビルダー ……………………………………… 134
集計クエリ ……………………………………… 49
　〜を使用したフィールド値のカウント …… 53
　〜を使用した平均の集計 …………………… 50
主キーと外部キー ……………………………… 32
条件式を利用したマクロの作成 ……………… 198
ストアドプロシージャ ………………………… 3
正規化のポイント ……………………………… 15
セクションの途中での改ページ ……………… 167
選択クエリ ……………………… 73, 78, 84, 90

た行

第1正規形 ……………………………………… 12
第2正規形 ……………………………………… 14
第3正規形 ……………………………………… 15
重複クエリ ………………………………… 60, 68
追加クエリ ……………………………… 71, 89, 91
データベース設計例 …………………………… 4
データベースに対して信頼できる場所の確認または追加方
　法 …………………………………………… 10
データベースのバックアップ ………………… 227
データベースのモデル化 ……………………… 2
テーブル間の自動結合 ………………………… 17
テーブル作成クエリ ……………………… 71, 77, 79

テキストボックス
　〜の通貨書式の設定 ………… 127, 131, 138, 165, 183
　〜の名前の設定 ……………… 127, 131, 137, 165, 182
ドキュメントタブを使用したオブジェクトの切り替え …… 43

な行

内部結合 ………………………………………… 27
ナビゲーションウィンドウからのマクロの実行 ………… 200

は行

バックアップファイルの使用 ………………… 229
左外部結合 ………………………………… 27, 28
［標題］プロパティ …………………………… 127
非連結コントロール …………………………… 124
不一致クエリ ……………………………… 59, 60
フォーム
　演算コントロールの作成 ……………… 125, 136, 144
　テキストボックスの通貨書式の設定 ……… 127, 131, 138
　〜の参照元のテーブル名とフィールド名 ……… 222
　複数のテーブルやクエリを使用した〜の作成方法 …… 98
　リンクされた〜 …………………………… 118
フォームウィザードを使用しないメイン／サブフォームの作
　成方法 ……………………………………… 119
フォームセレクター ……………………… 223, 225
［フォームフッター］セクションを使用した集計 ………… 129
複合キー ………………………………………… 12
複数のコントロールのプロパティの設定 ……… 139
複数のテーブルやクエリを使用したフォームの作成方法
　……………………………………………… 98
ボタンの動作の確認 …………………………… 213
ボタンへのマクロの割り当て ………………… 212

ま行

マクロ …………………………………………… 194
　アクション …………………………………… 195
　アクションの設定 …………………………… 197
　アクションの引数 …………………………… 196

254 索引

条件式を利用した〜の作成 ……………………… 198

〜のセキュリティ設定 ………………………… 196

ボタンへの〜の割り当て ……………………… 212

マクロビルダーでの〜の作成 ………………… 197

マクロウイルス ……………………………………… 196

マクロビルダー ……………………………………… 195

〜でのマクロの作成 …………………………… 197

右外部結合 …………………………………………… 28

無視されたオブジェクト …………………………… 231

メイン／サブフォーム

〜の構造 …………………………………………… 113

〜の作成 …………………………………………… 114

〜の操作 …………………………………………… 119

メイン／サブレポートの構造 …………………… 171

メインパネル ………………………………………… 206

メインフォームのレコードの並べ替え ………… 120

メインレポートの作成 …………………………… 172

メインレポートへのサブレポートの埋め込み ………… 185

ら行

リレーショナルデータベース …………………………… 2

リレーションシップ …………………………………… 16

〜の印刷 …………………………………………… 21

〜の削除 …………………………………………… 20

〜の作成 …………………………………………… 18

〜の作成の条件 …………………………………… 17

〜の作成方法による違い ………………………… 17

リンクされたフォーム ……………………………… 118

［レコードソース］プロパティ ………… 222, 225, 234

レポート

演算コントロールの作成 ………………… 162, 180

テキストボックスの通貨書式の設定 ……… 165, 183

〜のコントロールの配置の変更 ……………… 159

〜の参照元のテーブル名とフィールド名 ……… 222

〜のタイトルの変更 ……………………………… 160

複数のコントロール選択後の単一のコントロール選択

………………………………………………… 179

複数のコントロールの選択 ……………………… 178

レイアウトビュー ………………………………… 157

連結コントロール ……………………………………… 124

連鎖更新 ……………………………………… 39, 40, 41

連鎖削除 ……………………… 39, 40, 42, 83, 87

〜を設定した削除クエリの実行 ………………… 87

索引 | **255**

■ **本書は著作権法上の保護を受けています。**
　本書の一部あるいは全部について（ソフトウェアおよびプログラムを含む）、日経BPから文書による許諾を得ずに、いかなる方法においても無断で複写、複製することを禁じます。購入者以外の第三者による電子データ化および電子書籍化は、私的使用を含め一切認められておりません。
　無断複製、転載は損害賠償、著作権法の罰則の対象になることがあります。

■ 本書についての最新情報、訂正、重要なお知らせについては下記Webページを開き、書名もしくはISBN
　で検索してください。ISBNで検索する際は－（ハイフン）を抜いて入力してください。

　　　https://bookplus.nikkei.com/catalog/

■ 本書に掲載した内容についてのお問い合わせは、下記Webページのお問い合わせフォームからお送りください。電話およびファクシミリによるご質問には一切応じておりません。なお、本書の範囲を超えるご質問にはお答えできませんので、あらかじめご了承ください。ご質問の内容によっては、回答に日数を要する場合があります。

　　　https://nkbp.jp/booksQA

Access 2019 応用 セミナーテキスト

2019年 9月24日　初版第1刷発行
2023年 1月20日　初版第2刷発行

著　　　　者：日経BP
発　行　者：村上 広樹
発　　　　行：日経BP
　　　　　　　〒105-8308　東京都港区虎ノ門4-3-12
発　　　　売：日経BPマーケティング
　　　　　　　〒105-8308　東京都港区虎ノ門4-3-12
装　　　　丁：折原カズヒロ
制　　　　作：クニメディア株式会社、持田 美保
印　　　　刷：大日本印刷株式会社

・本書に記載している会社名および製品名は、各社の商標または登録商標です。なお、本文中に™、®マーク
　は明記しておりません。
・本書の例題または画面で使用している会社名、氏名、他のデータは、一部を除いてすべて架空のものです。

©2019 Nikkei Business Publications, Inc.

ISBN978-4-8222-8619-4　Printed in Japan